INDUSTRIE SOUFRIÈRE DE SICILE

SON ÉTAT ACTUEL : SON AVENIR

PAR LES INGÉNIEURS

J. DE LABRETOIGNE

ÉLÈVE DE L'ÉCOLE DES MINES DE ST. ÉTIENNE

J. DE RECHTER

auteur du projet du chemin de fer international
Italo-Belge de Lokeren à Terneuzen,
et du projet de chemin de fer de
Palerme à Bagheria.

PALERME

CHEZ LES FRÈRES PEDONE LAURIEL

1881

INDUSTRIE SOUFRIÈRE DE SICILE

SON ÉTAT ACTUEL : SON AVENIR

PAR LES INGÉNIEURS

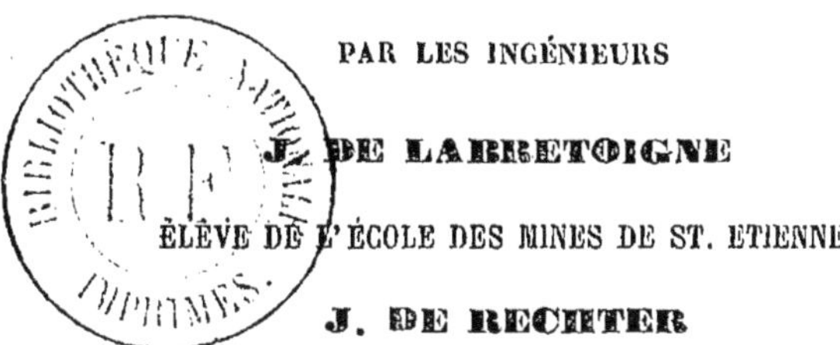

J. DE LABRETOIGNE

ÉLÈVE DE L'ÉCOLE DES MINES DE ST. ÉTIENNE

J. DE RECHTER

auteur du projet du chemin de fer international
Hollando-Belge de Lokeren à Terneuzen,
et du projet de chemin de fer de
Palerme à Bagheria.

PALERME

CHEZ LES FRÈRES PEDONE LAURIEL

1864

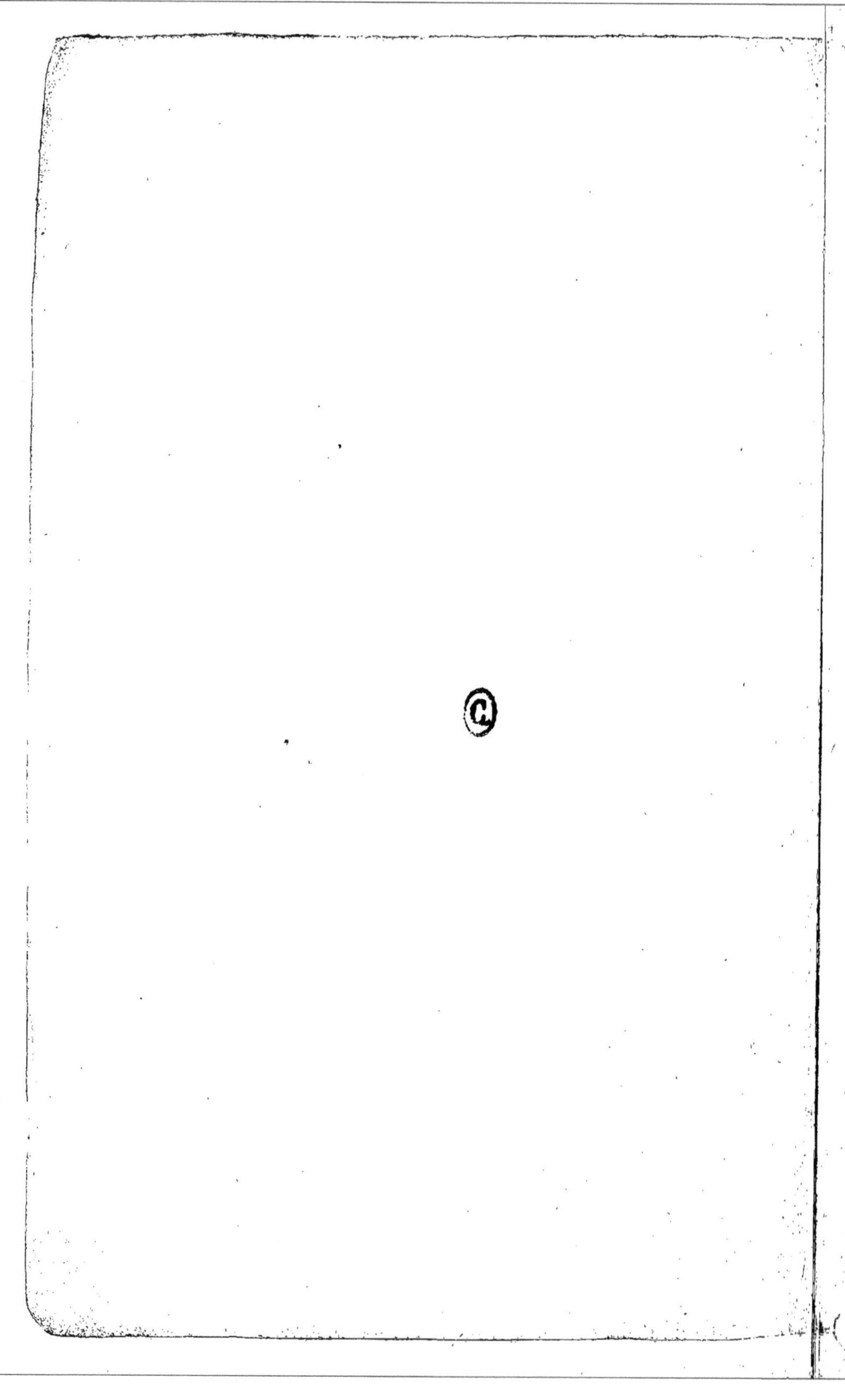

A Son Excellence le Prince de S. Elia.

Monsieur le Prince.

Nous vous dédions cet ouvrage ; parceque le passé nous donne des preuves suffisantes des efforts que vous avez intenté pour améliorer la situation industrielle de la Sicile. — Ces efforts nous permettent de vous considérer comme le Mécène des travaux publics de l'île, et nous obligent d'applaudir à ces intentions qui ont pour but de relever un peuple dont l'industrie est restée inconnue pour le reste de l'Europe.

J. D. R. et J. D. L.

MINES DE SOUFRE DE SICILE

Les mines de la Sicile ne sont pas connues et n'ont été jusqu'ici l'objet d'aucune étude sérieuse. C'est à peine si quelques anciens voyageurs ont daigné leur consacrer une brève notice où le plus souvent ils se contentent de constater leur existence. Les renseignements que l'on pourrait ainsi se procurer en lisant les articles insérés dans le bulletin de la Société géologique par Mrs de Pinteville, Constant Prévost et Cussy, laissent quelquefois à désirer sous le rapport de l'exactitude. Ils datent d'ailleurs de longtemps et ne peuvent plus donner une idée exacte de l'industrie soufrière en Sicile.

Nous ne connaissons pas un seul livre récent qui parle des mines de soufre, car nous ne comptons, pas au nombre des livres sérieux « i consigli a mia figlia » publiés il y a deux ans à Palerme, par Mr. de Ventimiglia. Cet ouvrage est écrit avec cette prolixité emphatique si familière aux auteurs italiens quand ils traitent un sujet qui les intéresse eux ou leur pays, et au milieu de mille discussions ridicules et oiseuses sur le soufre et sa formation, l'on chercherait vainement un détail intéressant ou utile.

2

Un oubli aussi complet, et qui ne peut être attribué au peu d'importance de ces mines, doit cependant pouvoir s'expliquer. Il tient avant tout aux conditions pour ainsi dire organique de la Sicile. Cette île qui manque des moyens de communication tant intérieurs qu'extérieurs, a été jusqu'ici, malgré les richesses qu'elle renferme, comme isolée au milieu de la Méditéranée. La plus grande partie des étrangers ne la connaissent guère que par les descriptions sans nombre publiées sur Palerme, Messine, et les grandes villes du littoral. Mais ces grands ports ouverts aux vaisseaux de toutes nations, où les habitants sont sans cesse en contact avec les étrangers, ne peuvent donner une juste idée de la Sicile. Il suffit pour le reconnaitre, de s'engager de quelques lieux dans l'intérieur. L'on se trouve alors en présence du véritable peuple Sicilien, que les Sarrasins, les Normands, les Espagnols, les Français même ont concourru à former, mais qui depuis longtemps ne s'est plus trouvé en relations avec aucun autre peuple, et qui, seul peut être en Europe, a conservé dans toute leur pureté primitive, sa langue et ses coutumes. Il faut un mobile bien puissant pour s'engager volontairement au milieu de ces montagnes encore sauvages, où le voyageur, après une journée de fatigues au travers de routes impraticables, ne saura souvent où loger (car les locande ne sont pas nombreuses, et les itinéraires ont grand soin d'indiquer les villes où elles sont établies); où il sera obligé pour obtenir quelques renseignements, de lutter contre le silence obstiné des habitants soupçonneux à l'extrême, et ne parviendra pas toujours à comprendre leurs réponses laconiques faites dans la langue du pays que les Italiens eux mêmes ne comprennent pas.

Il fallait une initiative puissante pour changer l'état actuel de la Sicile, et mettre au niveau des autres nations ce peuple de qui le monde antique retira en partie sa civilisation. Il fallait avant tout créer des voies de communications et faire traverser l'île par deux ou trois grandes lignes de chemins de fer. Mais c'était là un sacrifice pécuniaire, car de plusieurs années ces lignes auraient été improductives. Le gouvernement était étranger; il a reculé devant de tels sacrifices.

4

Bien des causes ont influé d'une maniere fâcheuse sur le développement des mines de soufre. Nous allons étudier rapidement les principales :

1° Difficulté du transport.—Les mines de soufre sont presque toutes éloignées de la mer. Deux ou trois seulement, celles de Girgenti, de Commitini, d'Aragone, de Palma et de Siculiana font exception à cette régle. Les plus proches de Palerme, sont celles de Lercara degli freddi, distantes de cette ville de 42 miglia (56 kil.). La province la plus riche en soufre est celle de Caltanisetta, qui produit plus d'un million de cantares. Le soufre, avant de parvenir au lieu d'embarcation, a à parcourir souvent jusqu'à soixante miglia, et de quelque côté qu'on veuille le diriger, il n'existe pas encore de route carossable completément achevée. La plus grande partie est dirigée sur Licata, le second entrepôt de Sicile, petite ville qui doit au soufre toute son importance. Le transport se fait à dos de mulets sur la moitié de la distance au milieu des montagnes les plus difficiles de l'île.

2° Mauvaise direction.—Un transport aussi couteux est certainement un obstacle très grave au développement des mines, mais il en est d'autres plus difficiles peut être à surmonter, car ils ont pour origine la routine et l'ignorance. Les mines n'ont eu jusqu'à présent aucune direction régulière. Elles ont été abandonnées entre les mains de contre maitres ignorants, qui, comme tous leurs compatriotes ont une aversion instinctive pour tout ce qui est nouveau ou leur est inconnue. Delà une absence complète de méthode, et l'on comprend de suite ce que doivent être encore ces mines, avec les faibles moyens dont on a disposé jusqu'ici. L'extraction se fait à dos d'enfants, et les machines d'épuisement presqu'exclusivement en usage, sont des pompes à bras disposées le long des *Scale* (galeries inclinées). Il y a quelques années, il n'existait pas une seule machine à vapeur employée à l'usage des mines; aujourd'hui, à peine en compte-t-on trois ou quatre, toutes mal installées et presque toujours d'une force insuffisante.

3° Division excessive des terrains. — Un obstacle non moins grand est l'indifférence du gouvernement qui n'a publié aucune loi sur les mines, ou tout au moins n'a jamais veillé à l'observation des réglements. De là liberté complète laissée aux propriétaires du sol ; delà un nombre infini d'exploitations, car le soufre n'est jamais à une bien grande profondeur, et il n'est guère de propriétaires qui n'ait d'abord commencé à ses frais les premiers travaux de recherche. Si son essai reste infructueux par suite d'obstacles inattendus, comme par exemple la rencontre de l'eau, il cède son droit d'exploitation à un étranger plus entreprenant qui cherchera peut être, pour étendre les travaux, à s'entendre avec les propriétaires voisins, mais n'y réussira pas toujours. Veut-il entreprendre une galerie d'écoulement, travail d'une utilité commune, dont les voisins profiteront aussi bien que lui même; bien loin de pouvoir les forcer, une fois le travail achevé, à participer à la dépense, il sera contraint de leur payer une indemnité énorme pour les terrains traversés. Même chose si par malheur les terrains exploités se trouvent enclavés, et s'il veut chercher un débouché pour les produits de la mine. L'esprit d'association est inconnu aux Siciliens. Des collines d'une étendue souvent très limitée comptent jusqu'à sept ou huit exploitations différentes; et les propriétaires sont sans cesse en procès ou en dispute pour les causes les plus futiles.

Enfin, pour nous résumer en quelques lignes, les mines de soufre se trouvent encore à l'état primitif, telles que se trouvaient au siècle dernier celles de France et d'Angleterre. Les innovations apportées à l'industrie des mines pendant le dix neuvième siècle, n'ont pu pénétrer en Sicile. Aucune pensée d'emménagement ou d'avenir n'a présidé aux travaux. Ce que les exploitants cherchent avant tout, c'est un bénéfice immédiat qui les indemnise le plus vite possible des avances toujours faites avec hésitation et défiance. Pas un seul n'a voulu encore songer aux richesses immenses perdues peut être à tout jamais par suite de leur incurie ou de leur avidité maladroite.

Et cependant, malgré tous les obstacles, malgré l'esprit du pays si peu porté aux entreprises hasardeuses, malgré l'insouciance du gouvernement, malgré les conditions locales toutes défavorables, malgré le prix élevé de la main d'œuvre, du bois et de tous les matériaux, ces mines ont gagné tous les jours en importance. La production annuelle est plus de deux millions et demie de cantare (187,500 tonnes) ce qui représente une valeur de trente deux millions de francs, et un bénéfice net d'au moins douze millions. Il suffit de comparer ces chiffres aux productions étrangères, de se rappeler par exemple que le bénéfice brut des houillères de Belgique n'est que de dix sept millions, etque la production houillère de la France ne dépasse guère trente millions, pour voir à quel dégré de développement sont arrivées les mines de soufre, et s'étonner qu'elles n'aient pas encore attiré l'attention du dehors.

Notre but n'a pu être de faire un rapport complet qui embrase la généralité, des mines de la Sicile. Ce serait là un travail trop long, et pour lequel il ne nous a pas été du reste permis de recueillir les matériaux nécessaires. Ce que nous avons voulu avant tout, c'est donner une idée juste de ces mines, décrire leur état actuel, et faire comprendre l'importance qu'elles pourraient promptement acquérir, par une exploitation régulière et l'emploi des moteurs mécaniques dont on peut disposer, aujourd'hui. Nous prendrons pour exemple les mines de Lercara, mais en notant avec soin ce que celles de Castel Termini, Commitini, Villarosa, Sommatino, Caltanissetta et quelques autres de l'intérieur offrent de remarquable.

Nous nous étendrons très peu sur la géologie générale de la Sicile. Chacun sait que cette île est de formation tertiaire. Ce terrain est recouvert dans la plaine de Catane et une partie de la province de Noto de terrains volcaniques anciens et des laves plus récentes de l'Etna. Le terrain gypseux où se trouvent les gisements de soufre, est en général recouvert par le terrain tertiaire. Il rentre peut être dans cette dernière formation, mais comme nous le verrons plus loin, il a été considéré jusqu'ici comme un terrain de formation particulière. Il repose sur le terrain secondaire qui vient affleurer au sol et forme cette longue chaine de montagnes qui se prolonge jusqu'à Trapani, et n'est qu'un prolongement des Appenins.

Les terrains qui composent la formation tertiaire sont :

Tuffs, calcaires et argileux. -Ces tuffs qui forment une grande partie des provinces de Palerme et de Trapani contiennent des fossiles en grande quantité. On a même retrouvé à diverses reprises, et il n'y a que quelques années vers Termini, des ossements monstrueux, qu'encore aujourd'hui bien des personnes croient être humains.

8

Ces tuffs sont presque toujours jaune clair. Ils fournissent d'excellentes pierres de construction, car ils sont peu durs et faciles à découper en ornements.

Argiles rouges ou jaunes. Ces argiles servent à la composition des mortiers. Plusieurs possèdent des propriétés hydrauliques remarquables.

Calcaire blanc compact.

Calcaire blanc persellé.

Calcaires gris et jaunes.

Ces calcaires fournissent beaucoup de marbres, mais de médiocre qualité.

Gypse blanc ou jaune, le plus souvent en cristaux parfaitement reconnaissables.

Terres alumineuses. Quelques unes sont exploitées. Ainsi, à Rocalumera, dans la province de Messine, se trouve un banc de terres alumineuses contenant du sulfure de fer dont on se sert pour fabriquer l'alun potassique.

Terres marneuses blanches et grises.

Rien de plus irrégulier que la stratification de ces différents terrains. Ils n'ont point d'assises régulières, et se substituent si souvent les uns aux autres, qu'une coupe faite en deux points différents, mais cependant très rapprochés, donnerait presque toujours des résultats divers.

Nous n'avons rien à dire ici des caractères particuliers du terrain secondaire en Sicile nous ne voulons cependant pas oublier de constater l'existence de nombreux filons de plomb, de fer, de cuivre, et de quelques gisements de lignites. Aucun de ces filons n'a encore été reconnu. L'on prétend qu'il existe quelques veinules d'or métallique, aujourd'hui abandonnées, mais qui ont été, au temps des Romains l'objet d'exploitations lucratives.

Caractères principaux du terrain gypseux
où se trouve le soufre.

La direction générale du terrain gypseux est à peu près
O. 25° à 30° N, E. 25° à 30° S. Nous trouvons ce ren-
seignement et quelques uns des suivants dans le mémoire
de Mr. de Pinteville. « On peut le suivre dit-il, du mont
Eryx (Erice), c'est-à-dire depuis Trapani, jusqu'à l'autre
extrémité de l'île, entre Pacchino et Noto, sur 250 kilom.
sans autre interruption que les montagnes secondaires sur
lesquelles il s'appuie, et les terrains tertiaires qui le recouvrent. » Vers la partie nord de l'île il se rétrécit. Ce n'est
guère que jusqu'à Caltagirone qu'il conserve des caractères
généraux bien définis. Sa plus grande largeur (de Licata
à Nicosia) est de près de 90 kilom.

Ce qui la rend facile à reconnaître, sont les affleurements
des couches de gypse mais surtout d'anydrites, qui se pro-
longent quelquefois sur une très grande longueur, sans que
l'on remarque un grand changement dans la direction. Ces
affleurements forment ordinairement la crète de montagnes
élevées qui présentent alors une forme bizarre mais caractéristique, car elle est la même à peu prés partout. Cette forme est a peu près celle formée par les 3 cotés d'un trapèse.
Ce qui frappe surtout c'est la rectitude des lignes et le peu
d'inégalité du terrain.

Le terrain gypseux appartient-il au terrain tertiaire ou
secondaire? C'est là une question délicate et qui a été le
sujet de longues discussions. Par ses caractéres généraux
il tient des deux à la fois. Nous croyons cependant qu'il
rentre dans la formation tertiaire, et voici sur quoi nous
basons cette opinion :

1°. . Les fossiles qui seules pouraient décider la question sont extrêmement rares, mais il est à remarquer que celles que l'on a pu découvrir sont toutes tertiaires. Mr. Constant Prevost prétend que la marne crétacée où il place le soufre, renferme quelques pectens et diverses térébratules, entr'autres la bipartita, la vitrea et la Caput Serpentis, toutes fossiles tertiaires, et une griphée analogue à l'ostrea vesicularis, que l'on nomme vesicularis. A Villa-rosa, sur la montagne dite Respica, où se trouvent les principales exploitations, nous avons même trouvé un grand nombre de ces gryphées.

2° L'on remarque à peu près partout entre le terrain gypseux et le terrain secondaire, des divisions beaucoup plus trancheés qu'entre le premier et le terrain tertiaire. Près de Girgenti, est une montagne appelée Sindonia, dont la partie supérieure est un calcaire solfifère. Le soufre vient affleurer an sol, et encouragés par des indices si surs, l'on fit quelques recherches dans ces dernières années. A mesure que l'on approfondissait, le calcaire s'enrichissait en effet, quand à la profondeur de 14 m. il cessa brusquement pour faire place au terrain secondaire. Le même fait a eté observé à Grotte et en plusieurs autres points de la province de Girgenti.

3° Par la nature des terrains qui le composent, il nous semble se rapprocher beaucoup plus du terrain tertiaire que du secondaire. Le plus souvent même il est impossible de l'en distinguer.

Mr. de Pinteville tend aussi à séparer le terrain gypseux du terrain secondaire. Il insiste sur sa stratification irrégulière qui indique les convulsions qui ont bouleversé le pays. Il est en effet peu de pays aussi tourmenté que la Sicile, mais nous croyons que Mr. de Pinteville s'avance beaucoup en disant que le terrain gypseux forme partout des collines élevées mais à pentes toujours douces et sans saillies dures, qui contrastent essentiellement, dit-il, avec les montagnes élevées des terrain secondaires dont la charpente plus dure offre des pentes rocailleuses ou des escarpements abruptes. Cette différence d'aspect n'est pas à beaucoup près aussi frappante, et si la description précédente parait juste à Lercara, il n'en est pas de même pour Casteltermini où l'on rencontre de véritables montagnes d'une grande hauteur, et d'une pente très raide, au centre desquelles se trouvent cependant des gisements de soufre.

« Le terrain gypseux, dit encore Mr. de Pinteville, comprend des marnes crayeuses, divers calcaires compacts, des couches de gypse, des argiles bleues et verdâtres entrelardées de grès en blocs ou en masses. » Ces argiles bleues et verdâtres qui passent souvent au brun et même au noir, qui fréquemment deviennent de véritables shisteuses bitumineux, recouvrent ordinairement les gisements de soufre, quelquefois au contraire traversent ces gisements sous forme de grandes failles. Rarement elles se trouvent melées avec le soufre. Quelquefois elles ont une stratification assez régulière.

Le calcaire est ordinairement précédé du gypse, mais cette règle n'a rien de général. Très fréquemment l'un ou l'autre de ces deux terrain manque. Tantôt le calcaire recouvre la marne, tantôt alterne avec elle, tantôt, surgit au milieu d'elle.

Mr. Constant Prevost, comme nous l'avons dit un peu plus haut, place les gisements du soufre dans la marne crétacée. La marne est cependant assez rare comme gangue du minérai. Les gangues les plus communes sont le sulfate de chaux (gypse ou anydrite) et le calcaire blanc ou gris.

Les bancs de sulfate de chaux présentent souvent à leurs affleurements un phénomène d'autant plus remarquable qu'il est encore l'indice le plus sûr de la présence du soufre: sous l'influence des vapeurs sulfureuses, le sulfate se décompose, et il ne reste plus qu'un mélange de chaux et de sulfure, réduit en poussière ou en masses sans consistance qu'on appelle *briscale* en Sicile et qui est blanc ou gris terreux.

L'on rencontre quelquefois comme gangue du minérai, l'argile bleue ou noire, improprement appelée *tuffo* par les ouvriers, mais ce n'est là cependant qu'un cas particulier. Le minérai est souvent ce qu'on appelle *intuffato*, c'est-à-dire qu'il contient une certaine quantité de cette argile mélée au calcaire ou au gypse, mais ce n'est guère qu'au toit ou au mur que se trouve un semblable minérai.

Caractères généraux des gisements du soufre.

Les terrains où se trouvent le soufre étant d'une stratification extrêmement irrégulière et tourmentée, il s'ensuit que les gisements de soufre doivent participer de cette irrégularité, et s'il est facile de découvrir le soufre, il ne l'est pas autant de former une mine productive, car nul indice extérieur ne peut indiquer s'il se trouvera en masses assez fortes pour promettre une exploitation lucrative. Très souvent on le rencontre en petits amas superficiels ayant une direction régulière et le mur et le toit parallèles, mais limités dans tous les sens. Ces amas portent le nom de *costure*. Le plus souvent ils ont au moins une puissance de 60 centim, 1^m. ou $1^m,50$. Ce serait assez pour commencer avec avantage l'exploitation, avec les moyens perfectionnés ajourd'hui en usage, mais en Sicile on abandonne presque toujours ces amas sans en tirer parti. A Casteltermini où l'on rencontre à chaque pas des signes infaillibles de la présence du soufre, les masses considérables sont très rares. Delà un nombre incalculable de galeries de recherche mais un nombre très limité d'exploitations. A Lercara, les signes extérieurs sont moins nombreux, mais les masses plus fortes et en général les mines bien plus importantes.

En résumé, le soufre ne se trouve jamais qu'en veines ou en masses. Ces masses affectent toutes espèces de formes, ressemblent quelquefois à de véritables poches, et atteignent souvent des dimensions très considérables. Jamais que nous sachions, il ne se trouve en couches stratifiées.

Suivant que ces gisements sont placés dans le calcaire, le gypse ou l'anydrite, ils présentent des caractères tout à fait spéciaux. Dans les couches de calcaire ou d'anydrite, ils ont des allures plus régulières, bien qu'ils ne soient peut être pas aussi puissants. L'on peut en général, poser cette règle, qui souffre bien entendu de nombreuses exceptions:

Dans les masses gypseuses, le soufre est presque toujours en amas irréguliers, mais quelquefois puissants. Dans le calcaire et l'anydrite, il se trouve le plus souvent en veines de à 3 mètres de puissance.

Le terrain gypseux renferme outre le soufre, des gisements assez importants de sel gemme. Ces gisements sont quelquefois des filons de peu d'épaisseur, d'autres fois des masses très considérables. A Casteltermini, dans une galerie de recherche pour soufre, l'on traversa trente cannes (58 mètres) d'un sel blanc très dur et d'une grande pureté. Vint ensuite une espèce de grotte naturelle peu large mais très longue, dont le sel formait encore les parois.

Malgré la puissance de ces gisements et la pureté du sel, ils n'ont pas été jusqu'ici jugés dignes de beaucoup d'attention. Nous ne connaissons dans les provinces de Girgenti et de Palerme que quatre mines en activité : celle de Ragalmuto exploitée depuis longtemps déjà, et la plus importante de Sicile. Ce sel se trouve à une profondeur moyenne de 6 metres, la masse est très puissante; celle de Cammarata; celle d'Acquaviva; et celle plus récente de Casteltermini.

Et cependant l'Orient tire tous ses produits des mines de la Pologne. Pourquoi ne viendrait-il pas s'approvisionner dans une ile comparativement si voisine, et quels bénèfices ne tirerait pas la Sicile elle même d'une telle exportation? Nous ignorons absolument si des essais ont été faits à une époque ou à une autre. Dans le cas affirmatif il faut croire qu'ils n'ont pas très bien réussis, puisqu'encore aujourd'hui la presque totalité des gisements de sel gemme restent improductifs.

Origine du soufre. — Les filons ou masses de soufre contenus dans le terrain gypseux se sont produits certainement dans les derniers soulèvements volcaniques. Quelle a été l'origine du soufre? Toutes les opinions sont divisées à ce sujet. Existait-il à l'état natif, ou s'est il formé à la suite de décompositions chimiques, il serait difficile aujourd'hui de décider la question. Nous pencherions cependant pour la seconde hypothèse.

Tout tend à démontrer que ces soulèvements volcaniques pendant lesquels le soufre s'est produit, se sont effectués sous l'eau. Le soufre liquide et faisant subitement irruption a pénétré peu a peu dans tous les vides qui se sont présentés, formant quelquefois sur les parois de ces vides ces belles cristallisations que l'on remarque dans certaines mines ; ou s'associant complètement aux masses de chaux carbonnaté dont il changeait souvent la nature, suivant la température ou la présence d'autres agents chimiques. La décomposition était due le plus souvent à l'action seule des vapeurs sulfureuses. C'est ainsi que nous avons expliqué un peu précédemment la formation de ces rochers presque pulvérulents (briscale) si communs partout où il y a trace de soufre.

La température pendant tous les phénomènes devait être très élevée, car les filons de sel gemme se trouvent toufours bien séparés de ceux du soufre, ce qui ne peut s'expliquer que par la force répulsive propre à ces deux substances.

16

Les terrains tertiaires de la Sicile ne sont pas les seuls
qui contiennent le soufre, et dans ces dernières années les
exploitations de la Romagne et de la Toscane ont pris un
accroissement assez rapide. Les terrains encaissants sont
à peu près semblables de la Sicile. Nous ne pouvons malheureusement donner aucun détail sur ces mines. Nous ne
croyons cependant pas que leur importance soit compara-
ble à celles de la Sicile, car par leur position, elles auraient facilement réussi à leur faire rude concurrence.

Le soufre existe à l'état natif en plusieurs autres parties du globe. Il existe des mines en plein état d'exploitation en Egypte près du Caire, et dit on aussi en Asie Mi-
neure. Il se retrouve aussi en Chine, dans le Japon, et
même en Espagne où l'on a découvert un dépôt de soufre
natif remarquable toujours dans le même terrain. Les terrains encaissants sont des veines d'argile de différentes sortes, des marnes et des masses de sulfate de chaux. Il existe encore dans les Amériques méridionales et septentrion-
nales aux environs des grandes chaines de montagnes, par
exemple dans le Mexique, la Bolivie, le Pérou et le Chè-
li; Enfin et beaucoup plus rapproché de la Sicile, en Afrique, dans le royaume de Tunis. J format-il des amas aussi
puissants et aussi riches! C'est ce qu'il nous est impossible de dire, car ces gisements n'ont été jusqu'à présent,
l'objet d'aucune étude. Ce que l'on peut cependant assurer, c'est que s'ils doivent un jour rivaliser avec ceux de
la Sicile, ce jour est encore bien éloigné de nous, car si-
tués dans un pays sauvage, et à une grande distance de la
mer, ils seraient aujourd'hui d'une exploitation impossible.

Le soufre natif existe aussi, près des volcans éteints ou
en activité. Dans ce second cas, il n'a pu se former que
par sublimation, et les masses ne peuvent être naturelle-

ment très considérables. Tout le monde connait l'exploitation de Puzzolo près de Naples. Les autres gisements connus et d'ailleurs peu importants sont ceux d'Islande et ceux de la Guadeloupe exploités vers 1830 , mais abandonnés aujourd'hui.

Etats du Soufre.—Le soufre est toujours à l'état natif, mais rien de plus varié que les formes sous lesquelles il se présente. Il existe quelquefois en cristaux très purs et d'une grande beauté, mais c'est là un cas particulier. Très souvent il se trouve en masses cristallines ou informes mais le plus généralement il est tellement disséminé dans la gangue qu'il ne se reconnait plus que par la teinte jaune, grise ou même blanche qu'il communique à la masse. La couleur est le jaune clair brillant, le jaune brun, le jaune rouge et le rouge; elle dépend naturellement du degré de pureté. La cassure est ordinairement conchoide, quelquefois un peu cireuse; la poussière est souvent blanche.

Il existe une variété assez commune appelée *saponare*, tout à fait caractéristique. La couleur est le jaune terne, la cassure extrêmement cireuse. Le soufre *saponare* est presque toujours répandu en masses compactes et sans apparence de cristallisation dans les shistes noirs. Il n'est jamais mélangé avec la gangue.

Il existe aussi, mais seulement dans quelques mines aux environs de Caltanissetta, une variété particulière. La couleur est un vert foncé tout à fait caractéristique; l'éclat est résineux. Ce minérai est feuilleté et tombe assez facilement en poussière c'est du soufre à peu près pur.

Minéraux qui se trouvent associés au soufre.—Le gypse en masse ou cristallisé se trouve fréquemment associé au soufre. Il forme des cristaux prismatiques qui atteignent quelquefois des dimensions remarquables. Leur couleur est variable. On les trouve souvent dans des vides naturels dont ils tapissent les parois. Ces cristaux sont le plus souvent hémitropes et d'un blanc nacré. Ils sont alors difficiles à conserver, car ils se décomposent facilement une fois exposés à l'air. La masse se désagrêge et les cristaux se séparent. Ceux qui atteignent les dimensions les plus considérables sont gris blanc ou noirs. Ils sont moins fragiles, mais difficiles à envoyer au dehors à cause de leur dimension et de leur poids. Nous avons vu quelques uns de ces cristaux dont la hauteur dépassait quarante centîmètres.

Les autres minéraux associés au soufre sont les sulfates et carbonates de baryte et surtout de strontiane, plus rarement le carbonate de chaux en petits cristaux. Les échantillons de sulfate de strontiane fournis par la Sicile ont une grande réputation au dehors, ce qui explique la dénomination de *Strontiane* donnée par les ouvriers à tous les cristaux quelque soit leur nature. Ce sulfate est presque toujours blanc nacré. La célestine est extrêmement rare. Tantôt il se présente en masses plus ou moins cristallines; tantôt en petites masses fibreuses détacheés les unes des autres et formant comme autant d'éventails; tantôt en cristaux véritables très bien formés. La forme primitive n'existe pas. Les formes les plus communes sont les dérivations provenant de l'allongement des faces latérales du prisme rhomboidal. Quelquefois les cristaux s'agglomèrent les uns aux autres et affectent toutes espèces de formes bizarres d'un très joli effet.

La Baryte est plus rare que la strontiane. Nous avons cependant vu à Lercara quelques échantillons de sulfate de baryte jaune fibreux.

Signes extérieurs. — La présence du soufre en un point où il n'existe pas encore d'expoitation, est toujours annoncée par des signes évidents sur lesquels il serait difficile de se méprendre. Sur les points culminants il est rare que le soufre lui même ne vienne pas affleurer. Sur la route de Lercara à Casteltermini, dans les tranchées ouvertes pour tracer la route, l'on voit en plusieurs points des calcaires imprégrés de soufre (inzolfarate). La même chose s'observe à l'entrée de Casteltermini et sur plusieurs collines de Lercara. Mais quand bien même, pour commencer les travaux de recherche l'on n'aurait pas une pareille certitude, les autres indices sont suffisants pour guider un observateur un peu exercé. Les indices les plus ordinaires et les plus frappants sont :

1°. L'aspect général du terrain qui est alors d'un gris terne particulier.

2°. Les affleurements souvent considérables d'anydrites et de calcaires blancs.

3°. Des sources d'eau sulfureuse appelée dans le pays *acqua mintima*.

4°. La présence du *briscale* qui n'a pu se former que sous l'action des vapeurs sulfureuses.

Quand on veut entreprendre des recherches en un point où le soufre est dejà découvert et exploité, la présence de l'eau sulfureuse n'indique pas grand chose, car l'eau peut s'être imprégné du gaz acide sulfureux bien loin du point où elle vient affleurer au sol. Le meilleur indice, le seul qui ne peut guère tromper, sont les affleurements des masses gypseuses pulvérulentes (briscale).

Mr. Cussy admet comme profondeur moyenne des mines 49 métres. S'il entend par là la profondeur moyenne des mines alors en activité, peut être a-t-il raison; mais il faudrait bien se garder d'en conclure que le soufre ne se trouve jamais que vers les parties superficielles du terrain tertiaire. Il se rencontre quelquefois à une profondeur assez considérable: Seulement dans le dernier cas, les difficultés que l'on rencontre et l'inhabileté des exploitants rendent l'exploitation extrêmement difficile pour ne pas dire impossible.

II

—

EXPLOITATION

————

En lisant n' importe quelle description des anciens travaux exécutés dans les mines de France, d' Angleterre, et de Belgique alors que l'art des mines n'était point connu, l'on a un tableau exact de l'état actuel des *minicre* de la Sicile. Partout même insouciance de l'avenir et même incurie; partout le même gaspillage. Nous nous étendrons donc très peu sur l'exploitation proprement dite; car une longue description ne saurait être ni utile ni même intéressante. Si même nous entrons dans quelques détails, c'est seulement pour rester fidèle au but que nous nous sommes proposé, c'est-à-dire pour bien faire connaître l'importance de ces mines et la manière dont jusqu'ici les Siciliens ont abusé des richesses que leur prodiguait trop généreusement la nature.

1°. TRAVAUX DE RECHERCHE.

Jusqu' à ces dernières années , aucun sondage n' avait encore été exécuté, et voici en quoi consiste la seule méthode de recherches encore généralement suivie :

Quand les indices extérieurs et surtout le voisinage de quelque mine en exploitation, semblent indiquer la présence du soufre en un point quelconque, l' on commence par creuser une *tentativa* ou *Scala*, c' est-à-dire une galerie inclinée de 40° à 70°. Cette galerie est à *Scalone* (grandins) *rotte* ou à *Scalone Sane*, suivant l' inclinaison qui l' on veut lui donner. Cela veut dire que si l' inclinaison ne dépasse pas 45°, on laisse des gradins pour la commodité des ouvriers, et que ces gradins occupent toute la largeur de la Scala; et si l' inclinaison est de 50° à 70° on laisse, disposés a coté l' un de l'autre deux escaliers, dont les gradins de l'un sont un peu moins élevés que ceux de l' autre. Sans cette précaution, les gradins devraient être d' une hauteur trop élevée, et la descente deviendrait très difficile. Comme on le voit, ces *Scale* sont de veritables puits inclinés à escaliers. Pour sortir les déblais, on emploie des enfants (caruzzi) de 8 à 18 ans portant sur les épaules, ou plutôt sur le cou, de petits paniers en osier appelés *stercature*. Ces paniers peuvent avoir 12 decim. cubes de capacité.

Quand l' eau commence à apparaitre, on cherche à l' épuiser en se servant d' espèces de jarres à col très allongé. Ce moyen grossier et très coûteux devient bientôt insuffisant. L' on abandonne alors le plus souvent la *tentativa*. Cependant, si l' on a une certitude à peu près comptète, l' on installe une pompe élévatoire en bois manœuvrée à bras d'hommes. Les tuyaux de cette pompe sont aussi en bois, en section rectangulaire. Ils sont simplement formés de 4 planches clouées ensemble. Cette pompe d'une construction excessivement grossière demande deux hommes pour la manœuvrer. La dépense est d'environ 20 tari (9) francs par 24 heures.

Si la profondeur est assez grande, où la source d'eau abondante, la pompe ne suffit bientôt plus. Alors on arrête la *tentativa*, mais pour en creuser une autre à quelque distance seulement de la première, malgré toutes les chances que l'on a de rencontrer les mêmes obstacles et par conséquent d'être forcé de s'arrêter encore. L'on ne connait pas d'autres moyens de recherche, et ce n'est qu'à force de persévérance et après avoir pratiqué ainsi inutilement un certain nombre de *tentative*, que l'on a quelquefois la fortune d'atteindre le soufre avant d'arriver au niveau de l'eau.

Ces *tentative* comme du reste toutes les *scale* quand elles sont creusées dans le *tuffo* ou le sable aggloméré, sont muraillées. Le boisage est à peuprès inconnu. Les forêts sont très rares en Sicile, et le bois que l'on y transporte de la Calabre ou de Venise y est naturellement d'un prix très élevé. Dans ces muraillements l'on emploie toujours le platre. Bien qu'il y ait des calcaires en grande abondance, la chaux n'est presqu'employée nulle part. Cela provient du prix exagéré des combustibles. Les muraillements ne sont jamais très forts, et ne durent guère plus d'un ou deux ans, ce qui occasionne à chaque instant des frais de réparations. Ils ont cependant un grand avantage, c'est d'offrir presque immédiatement une assez grande solidité, et d'être assez peu couteuse, avantages essentiels, puisque ce que l'on doit désirer avant tout dans ces recherches, c'est d'aller avec la plus grande économie et la plus grande rapidité possibles.

Même dans les montagnes les plus élevées, où la pente est quelquefois très raide, l'on n'a jamais songé à creuser des galeries de recherche horizontales. L'on cherche à arriver le plus rapidement possible, à la plus grande profondeur, et les exploitants reculant devant les dépenses d'un puits vertical, doivent toujours tendre à incliner les galeries. Nous avons vu pratiquer de ces *Scale* au sommet même des montagnes, *Scale* que l'on arrêtait au bout de très peu de temps, quand par une galerie horizontale creusée dans les flancs de la montagne, l'on aurait pu atteindre après quelques mois de plus de travail, et sans aucun obstacle, une profondeur beaucoup plus grande.

Depuis quelques années un assez grand nombre de sondages ont été entrepris. Très peu ont eu un résultat satisfaisant, et cet insuccès doit être attribué soit à leur situation peu heureuse, soit à l'inexpérience de ceux qui les ont dirigés.

2°. EXPLOITATION PROPREMENT DITE

Le soufre une fois trouvé, on commence immédiatement à exploiter sans travail préliminare. On avance a mesure en suivant la masse solfifère et l'abandonnant ou moindre rétrécissement ou appauvrissement du minérai. Quelquefois l'on pousse des galeries de recherche intérieures, mais ces galeries n'ont jamais plus de dix ou quinze mètres et sont abandonnées, quand arrivées à cette longueur, elles n'ont pas abouti.

Ce manque de préparation dans les travaux, cette trop grande économie que l'on veut réaliser même ou détriment de l'avenir de la *miniera*, ont naturellement de fàcheux résultats:

1°. Pendant longtemps les travaux restent sans importance. Il faut des années entières pour que la *solfara* soit ce que l'on appelle *formée*, c'est-à-dire pour qu'il y ait cinq ou six chantiers en activité, et qu'elle donne un bénéfice positif, tandis que souvent, avec une galerie de reconnaissance hardiment poussée dans la masse et qui en suivrait tous les accidents, l'on atteindrait en quelques mois au même résultat, et l'on n'aurait plus à marcher à tâtons comme dans la méthode actuelle.

2°. Pour peu qu'il y ait un accident qui rétrécisse momentanément la masse, ou que l'on ait à faire à deux ou même un plus grand nombre d'amas distants les uns des autres, comme c'est très souvent le cas, l'on risque de laisser inexploité pendant longtemps et même indéfiniment, une grande partie da soufre.

La méthode d'exploitation partout en usage est la méthode par piliers abandonnés, mais nulle part cette méthode
dejà si désavantageuse pour l'exploitation de gisements
aussi précieux, n'a entrainé des inconvénients aussi graves.
Les accidents se renouvellent tous les ans avec une rapidité
effrayante, et il est rare qu'après quelques années à peine
d'exploitation, les travaux ne s'éboulent presqu'en entier
et ne forcent ainsi les exploitants à recommencer à nouveaux frais. Ils forment une nouvelle mine et laissent ainsi
s'écouler deux ou trois ans avant de se hasarder dans les
éboulements. Quand ils jugent que les terrains ont eu le
temps de se tasser, et doivent avoir repris une certaine cohésion, alors seulement ils pénètrent au milieu des (cadute),
et cherchent à reprendre l'exploitation abandonnée. Il y a
des ouvriers spécialement destinés à ce genre de travail on
les appelle *picconieri di cadute*, à cause de leur habileté à
se frayer un chemin au milieu de terrains qui semblent ne
présenter aucune consistance.

L'on conçoit cependant tout ce qu'un pareil travail a de
dangereux. Les accidents sont en effet journaliers, et l'on
s'explique assez difficilement l'insouciance du gouvernement qui n'a pas encore pensé, sinon pour tout autre motif,
au moins par humanité, à prendre les mesures nécessaires
pour mettre fin à un tel état de choses.

Dans les mines où la méthode par pilier abandonnés est
encore usitée, où en général le minérai extrait n'est jamais
d'une grande valeur et est d'une assez grande solidité, on
a soin cependant de donner aux piliers des dimensions ca-
pables d'éloigner tout danger d'éboulement, et de laisser
entre chaque étage des massifs puissants. Voyons comment
en Sicile on remplit ces diverses conditions :

Les *colonne* (piliers) disposées irrégulièrement sont des

espèces de prismes quadrangulaires qui ont à peine 5^m, 50 de coté. Les *nave* (vides formés par l'exploitation) qui les séparent ont 8 et même jusqu'a 12 m. de largeur, et de jusqu'à 12 m. de hauteur, suivant la puissance de la masse, en sorte que le rapport du plein au vide n'est guère que de 1/3. A Sommatino nous avons vu des *nave* atteignant une hauteur de 30 m. sur une largeur de 15.

Nous avons dejà dit que la direction des travaux était confiée à un *capo maestro* quelquefois intelligent, mais chez qui l'expérience et la routine ne peuvent tenir lieu de savoir. Quand l'amas en exploitation est d'une puissance ordinaire de deux à trois mètres, et l'inclinaison peu forte, il saura toujours bien disposer les travaux d'une manière assez régulière, Iaissant cà et là quelques piliers plus ou moins forts ou rapprochés suivant la nature de la gangue. Mais si la masse est puissante et nécessite plusieurs étages, alors commencent les difficultés et les dangers de la méthode en usage.

L'on procède toujours par étages pris en descendant, mais les massifs qui séparent un étage d'un autre n'ont guère dans les mines que nous avons visitées plus de deux mètres. Le capo-maestro a à satisfaire aux exigences du propriétaire, et se jette de préférence, cela se comprend du côté où le minérai est le plus riche ou le plus abondant, et comme il n'existe pas de plan de la mine, il arrive bientot à ne plus pouvoir se rendre compte des distances et par aller complètement ou hasard.

Abattage.—L'abattage se fait quelquefois au pic, mais le plus souvent a la poudre car la gangue est quelquefois si résistante qu'avec le pic seul l'avancement serait à peuprès nul. Dans presque tous les contrats d'afferme, les propriétaires ne manquent pas cependant de stipuler que l'on ne pourra pas travailler à la poudre. Ce serait, en effet, une précaution plus que nécessaire avec la méthode en usage; mais cette clause sauf d'assez rares exceptions, n'est pas observée.

Extraction du minérai. — Le transport du minérai, de l'intérieur de la *solfara* au four, se fait à dos d'enfants, comme le transport des déblais dans les galeries de recherches. Ces rouleurs appelés caruzzi ont de 12 à 20 ans. Ils portent le minérai dans des *stereature*, ou dans des sacs quand il est très menu. Ce mode grossier d'extraction est le seul encore en usage dans toute la Sicile. Il est pourtant excessivement cher et entre pour une forte proportion dans le prix de revient général, comme nous le verrons bientôt. Il est en même temps inhumain, car ces charges disproportionnés que l'on fait ainsi porter à des enfants non encore formés, exercent peu à peu sur leur santé les plus pernicieux effets. Enfin, considération qui aurait du surtout attirer l'attention des exploitants, il devient un obstacle à l'étendue des travaux, par le nombre inoui de *caruzzi* nécessaire dans chaque mine. Chaque *picconiere* a à son servire au moins 3 à 4 caruzzi. Une *miniera* dont la production est de soixante mille *cantare*, où travaillent par conséquent environ 100 picconieri, a besoin d'au moins 300 caruzzi, et ce nombre s'accroit encore au moment de la fusion, car ce sont encore des enfants que l'on emploie pour le chargement et le déchargement des *calkeroni*. La production des mines de Lercara est d'environ deux cent mille cantare. Cela suppose un nombre presqu'incroyable de mille *caruzzi*.

Fort souvent les travaux d'une mine sont ralentis par la seule saison que l'on ne peut trouver un nombre suffisant de *rouleurs*. Ceux qui sont dans le pays profitent naturellement de leur position, deviennent exigeants, et arrivent à ne pas vouloir travailler sans un *antecipo* (arrhes) qui risque encore d'être perdu, si le *caruzzo* qui le plus souvent est étranger, change subitement de pays, comme cela arrive fort souvent.

Impostura.—(Mise en tas). Le minérai sorti de la mine est mis en tas (impostato). La mise en tas est faite par les *picconieri* eux mêmes, sous la surveillance d'un employé de l'administration, le *Cadastiere*. La *cassa* qui est l'unité de mesure varie d'un pays à un autre. A Lercara c'est un volume de 2 m. de longueur par 1 m. de large et 1 m. de hauteur. A Villarosa on a comme dimensions:

$$h = 0^m,80 \qquad long. = 2^m,20 \qquad larg. = 2^m 20.$$

Dans la province de Girgenti :

$$h = 0^m, 95 \qquad long. = 1^m, 90 \qquad larg. = 1^m, 90.$$

A Sommatino :

$$h = 0^m, 70 \qquad long. = 1^m, 60 \qquad larg. = 1^m, 60.$$

L'emploi du *cadastiere* demande beaucoup de délicatesse dans celui qui le remplit, car rien ne lui est plus facile que de tromper l'administration, s'il veut s'entendre avec les *picconieri*. Ceux-ci ont une habileté remarquable à composer les tas, disposant en bas les morceaux les plus gros et les arc-boutant les uns aux autres de manière à laisser le plus de vides possible, vides qui ne peuvent plus s'appercevoir une fois le tas achevé, car la partie supérieure est recouverte de minérai en poussière. Delà une difficulté extrême de se rendre compte par avance du rendement du minérai, malgré toute l'expérience que l'on peut avoir. Selon que la mise en tas est faite plus ou moins irréguliérement, la *cassa* pourra produire 4; 3. 5 et même 3 *cantare*, tandis que le même minérai traité précédemment aura produit jusqu'à 5 cant.

L'impostura est nécessaire avec les moyens d'extraction en usage. Son peu de régularité et la grande surveillance qu'elle nécessite, aurait du depuis longtemps engager à chercher un autre système de mesure, mais il faudrait pour cela changer et le mode d'extraction, et le traitement du minérai en un mot renoncer à tout le système aujourd' hui en usage.

Une *cassa* de minérai (Lercara) peut peser de quarante à quarante cinq cantare. Son volume est de 2 m. cubes, ce qui place la densité moyenne du minérai entre 2^m et 2, 5. Son rendement est très variable. Il peut varier depuis 2 cantare jusqu'à 6 ou 8.

Voici la division faite par Mr. Cussy des minérais de la Sicile. Il appelle :

1° Minérai	extraordinaire	celui qui rend			25	%
2° Minérai	riche	»	»	»	20	%
3° Minérai	bon	»	»	»	15	%
4° Minérai	médiocre	»	»	»	8	%

Si le rendement est plus faible, dit-il, le minérai est réputé mauvais et est réjeté; mais cela dépend naturellement du prix courant du soufres et dans les conditions présentes, un rendement inférieur à 8 %, c'est-à-dire de 3 *cantare* par *cassa*, peut encore dans la pluspart des cas promettre un bénéfice positif.

Les *Solfare* travaillent ou en économie ou à prix fait, à *partito*.

Dans le premier cas, les *picconieri* sont payés tant par *cassa* de minérai extrait de la mine, et l'administration a à s'occuper du traitement extérieur. Dans le second, les ouvriers sont payés par cantare de soufre produit, et tout reste à leur charge.

Ce système qui laisse une si grande liberté à l'ouvrier a

des inconvénient très graves, et au premier abord, on s'explique difficilement les raisons qui l'ont fait adopter. Il nuit surtout à l'extension des travaux; les ouvriers sont trop peu nombreux en général pour qu'il y ait concurrence; il devient dès lors difficile de faire dans une même mine deux prix faits différents, et cependant la richesse du minérai et la ténacité de la gangue varient beaucoup. Mais dans les condions vraiment exceptionnelles où sont la pluspart des mines, il a l'avantage très grand de simplifier singuliérements la direction. Comme nous l'avons déjà dit, les travaux ne sont jamais bien étendus; une *miniera* qui produit 20 ou 50 mille *cantare* est déjà importante; il n'y en a pas dont la production dépasse cent ou cent vingt mille. Le propriêtaire ou plutôt le *gabellote* cherche donc avant tout à réaliser la plus grande économie possible, et n'a souvent pas du reste l'argent nécessaire pour faire marcher la mine jusqu'au moment de la fusion. Très souvent il est obligé de faire des ventes anticipées, car presque toutes les ventes de soufre en Sicile se font à échéance de six mois. Il est donc explicable qu'il ait adopté de préférence à tout autre, ce système qui réduit les dépenses à quelques frais de surveillance.

A Villarosa, où est adopté le travail *à partito*, les *picconieri* sont engagés pour un an. On leur donne seulement un *antecipo* de 40 tarì par cassa de minérai. Il sont sous la surveillance d'un Capo-Maestro, payé par l'administration. Ils deviennent alors de véritables entrepreneurs; étant intéressés dans la production, ils n'ont aucun intérêt à composer les tas d'une manière aussi irrégulière que par exemple à Lercara où l'on travaille en économie, et l'administration est sure que le grillage du minérai se fera avec tous les soins désirables.

32

Mais dans beaucoup d'autres mines, c'est le capo maestro lui même qui prend ces sortes d' entreprises, spéculation malheureuse car le seul employé a qui sont confiées la surveillance et la sureté des ouvriers se trouvant par là intéressé dans la production, sa surveillance ne s' exercera plus qu'en vue de son intérêt particulier. Il se préoccuppera seulement de produire le plus possible et de diminuer le prix de revient, et les ouvriers tous payés a prix fait, et dejà trop disposés à affaibler les *colone*, n' auront plus rien qui les arrète dans leur gaspillage, du moment qu' il y aura parité d'intérêt entre eux et celui qui est chargé de veiller sur eux.

Delà les accidents sans nombre qui surviennent tous les ans, surtout après les grandes pluies, accidents qui auraient du attirer depuis longtemps l'attention du gouvernement. Nous verrons bientôt comment des accidents semblables ont cette année diminué de plus de moitié la production des mines de Lercara, et les suites fâcheuses qu' ils auront sur l'avenir de ces mines.

Conclusion. — Les inconvénients graves qui résultent de l'*impostura*; en certains endroits, la difficulté de se procurer le nombre suffisant de *caruzzi*, nécessaire au développement possible des travaux; la cherté de ce mode d'extraction, et ses difficultés, auraient dù dejà éveiller l' attention des exploitans, et les engager à se servir des moyens mécaniques en usage dans toutes les mines. Mais il existe, en Sicile, une défiance invincible pour tout ce qui parait nouveau, c'est-a-dire pour tout ce qui n' a pas encore été essayé dans le pays même. C'est cette défiance qui a rendu jusqu'ici toutes les innovations, sinon impossibles, au moins très difficiles. Il s' est creusé dans ces dernières annés plusieurs puits pour l' installation de machines d'épuisement. Personne n' a songé à y installer une machine d'extraction, et cependant , dans la pluspart des cas, la quantité d'eau est si faible que la même machine suffirait parfaitement à l'extraction et à l'épuisement réunis.

Dans certains cas même, quand la production ne dépasse pas 20 au 30,000 cantare, cas le plus général, un baritel à deux chevaux serait plus que suffisant pour l'extraction du minérai.

Supposons en effet un puits de 50 mètres (profondeur qu'il ne faudrait presque jamais dépasser) boisé et de 2^m sur 1^m, 25. L'on pourrait donner facilement à la benne elliptique les dimensions suivantes:

$$h = 0^m, 70 \qquad IA = 0^m, 75 \qquad la = 0^m, 60.$$

Ce qui donne un volume d'environ $0^{m.3}$ 230. L'on pourrait aussi, par un travail de terrassement insignifiant, abaisser la recette pour pouvoir recevoir deux bennes à la fois.

En mettant alors a 5' le temps nécessaire à chaque ascension, il faudrait 9 voyages, soit 45' pour l'extraction d'une *cassa* de minérai. Travaillant 10 heures par jour, l'on pourrait arriver à une extraction journalière de 12 à 14 *casse* (Villarosa), ce qui équivaut à une production annuelle de plus de 30,000 cantare.

Les dépenses d'achat et d'installation ne pourraient pas dépasser quatre ou cinq mille francs. La construction est si simple, que, dans presque tous les cas, la machine pourrait être construite sur les lieux mêmes.

Les frais journaliers pourraient être de 40 tari. Avec deux tronçons de chemin de fer intérieur et extérieur, l'on pourrait ainsi réduire des $^3/_4$ le nombre des *caruzzi*; c'est-à-dire en supposant une mine dont la production soit de 30,000 cantare, et l'extraction journalière de 10 *casse*, réaliser une économie annuelle de plus de 30,000 fr.

Roulage extérieur. Transport au port d'embarcation.

Suivant que la route est carrossable ou non, le transport se fait en charettes ou à dos de mulets. Tout le soufre de Lercara est transporté à Palerme. L'on paye 4 tarì et même jusqu' a 5 tarì par cantare. Les charettes qui servent au transport sont d' une construction bizarre. Elles ont l'axe très élevé. Elles sont trainées par des mulets, car les chevaux sont assez rares en Sicile. La contenance peut être de 6 a 8 cantare de soufre.

Dans les provinces de Caltanissetta et de Girgenti, le transport se fait presque toujours a dos de mulets. Voici quelques exemples de prix de revient :

De Villarosa à Licata, l'on paye 8 à 9 tarì par cantare (14 tarì et demi par *carica*). La distance peut être de 45 *miglia*.

De Caltanisetta à Licata, l'on paye 6 tarì par cantare
De San Cataldo » » » 5 » »
De Grotta Rossa » » » 4 ¹/₂ » »
De Sommatino » » » 4 » »

La charge d'un mulet peut être d' environ 130 Rotoli. C' est ce que l' on appelle communément une *carica*. La *carica* n' est pas la même partout. Elle varie de 130 à 150 Rotoli.

Avec ce mode de transport, l' on peut admettre comme moyenne de prix de revient 4 grani Siciliens, soit environ 10 cent. par *cantare* et par miglia.

Le transport est toujours donné à l' entreprise. Au moment du chargement, le soufre est pesé, et le charettier reçoit un billet (polizza) qu'il doit présenter au lieu de destination, où naturellement le soufre est pesé une seconde fois. Outre la charge marquée sur le billet, ou passe par chaque cantare, un Rotolo de plus, pour le soufre qui peut se perdre pendant le trajet. Les charetiers ont essayé jusqu'ici bien des moyens pour parvenir à tromper l'administration. Ils mouillent par exemple le soufre qui est alors plus pesant, mais si l'on s'apperçoit de la ruse, l'on retient le prix entier du chargement, ou bien l'on côte le soufre comme de qualité inférieure, et ils supportent la différence.

Le mode de transport au moyen des charettes est très coûteux. L'on pourrait cependant sans songer à l'établissement de chemins de fer, ce qui serait naturellement trop coûteux pour de simples particuliers, l'amméliorer facilement en changeant la forme de la charette, c'est-à-dire en lui donnant des dimensions plus grandes, et en établissant une poste à chevaux entre le point de départ et le port d'embarcation. Par exemple, les charettes mettent pour faire le trajet de Lercare à Palerme, près de 24 heures; les charetiers s'arrêtent 5 ou 6 h. en route. Avec un système de poste, le même trajet pourrait être parcouru en 10 ou 12 heures, c'est-à-dire en moitié moins de temps, et les frais seraient diminués en conséquence.

QUALITÉS DU SOUFRE

La classification varie d'un port à un autre. A Lercara il y a trois qualités de soufre :

La *première* qui est très pure et n' existe pour ainsi dire pas dans le reste de la Sicile. La couleur est un jaune très brillant; la texture est cristalline.

La *seconde* qui est la plus commune: Un peu moins brillante de couleur; le grain un peu plus grossier.

La *troisième* qui est seulement produite par les mines de *Col di Serio.* Elle se reconnait de suite à sa couleur obscure et a la texture qui est alors très fibreuse.

A *Licata,* on classe les différentes qualités du soufre ainsi quil suit :

1ª. Qualità.
2ª. Avantaggiata.
2ª. Buona.
2ª. Corrente.
3ª. Avantaggiata.
3ª. Buona.
3ª. Corrente.

La différence de prix entre chacune de ces qualités est en général de 10 grani Siciliens (20 cent.). Elle varie du reste beaucoup.

Cette classification sert à peu près pour toutes les mines de la Sicile.

PRIX DE REVIENT

Les galeries (scale) ont comme dimensions ordinaires : 1^m, 50 à 1^m, 75 de hauteur, 1^m à 1^m, 50 de largeur. Dans l'argile et les terrains peu consistants, l'avancement se paye à raison de 12, 18 et même 25 franc. la *canna* (environ 2 mètres); dans le calcaire tendre, le prix ordinaire est de 36 a 40 fr.; dans le gypse compact, 50, 60 et jusqu'à 80 fr. Ces prix varient surtout suivant la profondeur, à cause des difficultés du transport et de l'accroissement rapide du nombre des caruzzi.

Dans une galerie d'écoulement creusée à *Col di Serio (Lercara)*. Voici quels étaient les prix faits avec l'entrepreneur, soit pour la partie plane, soit pour les puits d'aérage.

1ᵉ *Galerie horizontale.*

TERRAINS TRAVERSÉS	AVANCEMENT		PRIX DE REVIENT de l'avancement				PRIX DE REVIENT du boisage			
	mesure métrique	mesure Sicilienne	en franc		mon. Sicil.		en francs		mon. Sicil.	
					onces	tari			onces	tari
1° Argile marne etc, sable à grains serrés	1.940	1 canna	25	50	2	»	32	70	2	17
2°. Calcaire tendre. . .	»	»	44	70	3	15	»	»	»	»
3°. Calcaire à grains durs.	»	»	51	»	4	»	»	»	»	»
4°. Gypse compact. . .	»	»	63	80	5	»	»	»	»	»

Observations

Les dimensions de la galerie étaient 7 palmi Sicilien de hauteur soit 1ᵐ, 70, sur 4 palmi (0ᵐ, 96) de largeur au sommet, et 5 palmi (1ᵐ, 21) au sol.

Dans le gypse compact, l'avancement était très lent, bien que le terrain ne présentât pas une grande dureté. Le pic s'enfonçait trop facilement et ne parvenait à détacher que des fragments imperceptibles.

Le boisage était aux frais de l'administration; le bois employé était le châtaignier, il venait de la Calabre.

Les bois ronds servant pour les cadres avaient 12 cent. d'équarissage. Ils avaient 3 à 4 m. de longueur. Rendus à Lercara ils revenaient à 7 tari pièce (2 fr. 90).

Les planches jointives étaient aussi en châtaignier, leur largeur était de 25 centim. à 35 Cent. La longueur de 3^m, 75, et l'épaisseur de 4 à 5 cent. Rendues à Lercara elles revenaient à 5 ou 6 tari l'une (2 fr. 10 à 2 fr. 50).

Les cadres étaient distants de 1 m.

Nota. Dans ce tableau, comme dans tous les suivants, le franc a été calculé au taux de 47 grani Siciliens (2 tari et 7 gr. Sicil. ou 2 carlins 3 bajochi et demie Napolitains.)

2° *Puits d' aérage*. Les dimensions des cadres étaient 1m, 30 sur 1m.

TERRAINS TRAVERSÉS	AVANCEMENT		PRIX DE REVIENT de l'avancement				PRIX DE REVIENT du boisage			
	mesure métrique	mesure Sicilienne	en francs		mon. Sicil.		en francs		mon. Sicil.	
					onces	tari			onces	tari
1° Argile marne sable etc.	1 940	1 canna	31	90	2	15	66	20	5	6
2° Calcaire	»	»	51	»	4	»	»	»	»	»
3° Calcaire à grains surs.	»	»	57	40	4	15	»	»	»	»
4° Gypse compact. . .	»	»	63	80	5	»	»	»	»	»

Observations

Pour un avancement de 1 m. il fallait 1 cadre, c'est-a-dire 2 pièces de bois et 22 planches toutes coupées à la longueur de 1m, 50.

En 1859 l'un de nous fut chargé par la maison Verona et Messineo de faire creuser un puits de recherche qui a aujourd'hui atteint la profondeur de 60 metres. Le puits était muraillé en pierres dégrossies. Il avait un diamètre de 3 metres. Voici quels étaient les frais pour 1 mètre d'avancement, en comprenant le fonçage et le muraillement :

	EN FRANCS		MON. SICIL.		
			onces	tarì	gr.
1° Fonçage. Trois ouvriers travaillaient au fonds du puits, deux à creuser et payés 4 tarì, 10 gr. (1 fr. 90) l'autre à remplir les bennes et payés 4 tarì (1 fr. 70). . .	11	»	»	26	»
2° Extraction. 1° Nourriture de deux mules employées au baritel	7	65	»	18	»
2° Ouvrier employé à guider les mules .	7	65	»	18	»
3° 2 ouvriers receveurs (4 tarì sait 1 fr. 70.	15	30	1	6	»
4° Transport des déblais (2 caruzzi payés 1 fr. 10 gr.	7	85	»	18	10
3° Muraillement. 1° *Main d'œuvre* (1 murailleur à 8 tarì 3 fr. 40, un manœuvre a 4, 1 fr. 70	12	70	1	»	»
A reporter Fr.	62	15	4	27	10

	EN FRANCS		MON. SICIL.		
			onces	tari	gr.
Rep. fr.	62	15	4	27	10
2° *Chaux.* Il fallait 14 salme par mètre d'avancement. La chaux coûtait 6 à 7 tari la salma	39	30	3	2	10
3° *Pierres.* L'on employait 2 et demie à 3 canne de pierres dégrossies à onces 1 et tari 2 la canna; 2 canne de pierres ordinaires servant au remplissage à raison de fr. 7 la canna .	44	»	3	13	10
4° *Sable*	5	30	»	12	10
Fr.	151	75	11	26	»

Observations

Presque tous les bancs de calcaire ont des plans de division parallèles, ce qui fait que les *ballate* transportées de la carrière sur la mine, avaient déjà 2 faces parrallèles. Ces *ballate* avaient en général au moins 18 a 20 cent. de largeur, et une épaisseur de 8 a 12 cent. Le muraillement avait 50 d'épaisseur.

Prix de revient de l'abattage. — La journée d'un picconier est de 8 h.; en quelques points notemment à Villarosa, de 5 a 6 h. Dans tous les cas, à midi la journée est terminée. En 8 h. un picconier peut abattre de 1 a 2 m. cubes de minérai, soit de ¹/₂ à 1 cassa. (Lercara).

Les prix faits avec les picconiers dépendent de la nature de la gangue et de la distance du *front de taille* au point où se fait la mise en tas. Dans le calcaire compact, et pour une distance moyenne de 120 à 160 m. les prix varient depuis 20 jusqu' à 25 tarì (8, 50 à 10 fr. 60) par *cassa* de minérai. (Lercara.) Dans l'argile compacte, le prix descend jusqu'à 15 fr. (6, fr. 30). Dans le gypse, il s'elève jusqu'à 1 onces et tarì 2 (12 fr. 70 à 13 fr. 50).

Défalquant de ce prix, le prix de l'extraction, on a comme prix de revient de l'abattage seul, dans un calcaire de médiocre dureté, payé à raison de 2 fr. (9 tarì 50 : 14 tarì 10 gr. (6 fr. 10). Un bon ouvrier peut gagner dans sa journée de 8 tarì à 12 et même 14 (3 fr. 30 à 6 tarì 10).

Prix de revient de l'extraction. — La charge d'un caruzzo varie depuis 50 Rot. jusqu'à 100. L'on peut prendre comme charge moyenne 70 Rot. Les *picconieri* payent les *caruzzi* à prix faits. Un enfant de 12 ans peut gagner 2 tarì; un de 18 jusqu'à 4 tarì.

Nous supposons que le nombe des voyages faits dans un jour soit de 20. Un *caruzzo* transporte alors dans sa journée 1400 Rot. soit en volume environ le ¹/₃ d'une cassa (Lercàra). Supposant qu'il soit payé 2 tarì gr. 10, on a pour le transport d'une cassa de minérai 7 tarì gr. 10 soit 1 tarì gr. 10 (0 fr. 63) par cantare de soufre produit; en admettant encore que le rendement moyen soit de 4 cantare par *cassa*, soit à peu près 4 gr. (0 tarì 08 par cantare de minérai.

Prix de revient par cantare de soufre produit:

	EN FRANCS		MON. SICIL.		
			onces	tarì	gr.
1° **Abattage.** Nous maintiendrons les suppositions précedemment faites c'est-à-dire qui nous supposons que la gangue est un calcaire de médiocre dureté payé à raison de 22 fr. la cassa, et que le rendement est de 4 cant par cassa (Lercara).	1	54	»	3	13
2° **Extraction**	»	84	»	1	17
3° **Chargement du calkerone** (1). . . .	»	25	»	»	12
4° **Fusion.** (Nous supposons un calkerone de 200 casse, dont la fusion peut-durer 2 mois.	»	25	»	»	12
5° **Déchargement du calkerone**	»	24	»	»	10
6° **Transport extérieur.** Nous supposons que la mine est située a Lercara a 42 miglia de Palerme (route carossable)	1	94	»	4	10
A reporter Fr.	4	97	»	11	14

(1) *Nota.* Pour tout ce qui regarde les *calkeroni,* voir la partie de ce rapport qui traite du traitement extérieur du minérai.

7° Frais généraux. — C'est un chiffre assez difficile à établir. Nous diviserons les frais généraux en 2 parties:

1° *Frais d'administration.* — C'est-à-dire paye des employés, location de magasins etc. Nous supposons une mine produisant 25000 cantare et l'administration composée de 1 administrateur payé 144 onze par an (1840 fr.), d'un *Capo maestro* payé 72, de 1 comptable à 72 onze; de 2 cadastiers à 60 onze, et d'un surveillant à 48 onze .   .   .   .

2° *Frais généraux proprement dits*; c'est-à-dire frais de recherche, de reparations des scale, de muraillement, d'entretien des calkeroni etc. Nous supposons que toutes ces dépenses absorbent une somme de 1000 onze par an (12760 fr.). (L'on conçoit aisément ce qu'une pareille supposition a d'arbitraire) .   .   .   .   .   .

	EN FRANCS		MON. SICIL.		
			onces	tari	gr.
Rep.	4	97	»	11	14
	»	27	»	»	13
	»	17	»	1	2
Fr.	5	71	»	13	9

46

Le prix de revient varie surtout suivant la distance de la mine au port d'embarcation. Ainsi à Villarosa il s'eléve jusqu'a près de 18, tarì bien que les difficultés d'exploitation ne soient pas comparables à celles de Lercara.

Le prix de revient, dans une mine en bon état, à une distance moyenne de 50 miglia, (route carossable), du port d'embarcation varie de 12 à 16 tarì. De ce prix l'on peut déduire facilement le bénéfice: L'on voit qu'une mine ayant une production de 25,000 cantare, et produisant du soufre de seconde qualité taxé à 26 tarì donne un bénéfice net de 10,000 onze. Si la mine est seulement affermée, et que le propriétaire du sol ait droit aux 20 % de la production, le bénéfice se réduit à 5600 onze , soit plus de 70000, francs, chiffre encore énorme et qui montre mieux que tout ce que nous pourrions ajouter que le prix qu'à plusieurs reprises a atteint le soufre (de 35 jusqu'à 40 francs) est complètement anormal et n'est nullement en rapport avec le prix de revient.

En économie l'on pose en principe que la demande règle le prix d'un article de commerce quel qu'il soit. Ce principe est d'une vérité incontestable, mais il n'en est pas moins vrai que chaque fois qu'un objet de consommation atteint un prix tel qu'il devienne presqu' inacessible, l'industrie cherche d'un autre côté et réussit quelquefois à le remplacer par un autre.

Le soufre produit par la Sicile sert au *soufrage* des vignes, et à l'agriculture en général, à la fabrication de la poudre, de l'acide sulfurique, et à certaines opérations de teinture. Nous n'avons pas à insister ici sur les avantages que l'agriculture a retirés de l'emploi du soufre contre l'*oidium*, mais nous pouvons cependant constater la rapidité avec laquelle il s'est généralisé dans ces derniéres années. L'ancien

royaume des Deux Siciles à lui seul consommait annuelle -
ment plus de 100,000 cantare. La quantité consumée par
Palerme est de près de 40,000. En France, mais surtout
en Espagne le progrès a été plus lent. L'exportation spécialement dans ce dernier royaume est presqu'insignifiante.
Mais cependant l'on voit par le tableau des exportations com-
parées que nous donnons à la fin de ce rapport, que les
quantités transportées à Marseille se sont accrues d'année
en année, et il est à présumer, si l'on considère l'extension
de la viticulture et de l'agriculture en général dans ces deux
pays, qu'une fois l'élan donné, la consommation atteindra
bientôt les mêmes proportions.

De ce côté donc, la Sicile n'a rien à craindre, puisque
les besoins ne feront qu'augmenter, mais ce n'est là qu'un
faible débouché, et la plus grande quantité du soufre ex-
porté est toute absorbée par les grandes manufactures de
France et d'Angleterre.

Dans la teinture et dans les fabriques d'acide sulfurique
d'Angleterre, il a été jusqu'à présent exclusivement employé, et il est hors de doute que si son prix ne dépasse pas
certaines limites, il ne convienne de l'employer de préférence à tout autre produit. Mais le prix s'est accru en peu
de temps d'une manière effrayante; à la fin de l'année dernière il est arrivé à 36 tarì le cantare, (16 francs.) Il est
vrai que cette hausse incroyable n'était due qu'aux ma-
nœuvres de quelques négociants qui, achetant à la fois presque tout le soufre disponible dans les dépots, ont su
par un retard habilement calculé, forcer ainsi les prix ;
mais déjà l'augmentation croissante de ces dernières années
avait sérieusement inquièté les consommateurs étrangers
et attiré leur attention sur un autre produit à coup sûr bien
inférieur, mais qui est cependant uniquement employé dans
les fabriques d'Allemagne.

Nous voulons parler des pyrites de fer qui existent en très grande abondance en Angleterre et en Irlande. Ces mines n'avaient eû jusqu'ici aucune importance. Elles viennent d'en acquérir beaucoup en très peu de temps. Les produits sont certainement très impurs et n'ont pu être encore utilisés dans la plupart des grandes usines. La question consiste donc à trouver un moyen économique de purification. Bien des essais ont été tentés, et si le but n'a pu être complètement atteint, il n'en est pas moins vrai que déjà l'emploi des pyrites commence à se répandre, et nous sommes persuadés qu'ils réussiront dans peu à faire concurrence au soufre de la Sicile, si les prix croissent encore dans les mêmes proportions que l'an dernier.

Nous ne pouvons à ce sujet nous expliquer la confiance des exploitants Siciliens. Ils nient toute possibilité de concurrence étrangère, et plusieurs brochures ont été écrites dans le but de démontrer cette impossibilité. Les motifs qu'ils allèguent sont quelquefois singuliers. Nous trouvons dans l'une d'elles qui date déjà de quelques années, que si l'Allemagne ne s'est pas jusqu'à présent servi du soufre de la Sicile, cela tient surtout aux difficultés du transport. Mais aujourd'hui, l'Allemagne est traversée par plusieurs lignes de chemins de fer, et son commerce avec l'île ne s'en est pas pour cela augmenté.

Plus loin, l'auteur cherche à prouver que l'Angleterre ne favorisera jamais l'industrie des pyrites. « Le soufre de Sicile, dit il, est un objet nécessaire comme *lest* pour les chargements légers des produits Italiens. Le soufre est un objet indispensable pour la possibilité de la navigation, et il n'est pas rare de voir des bâtiments charger le minéral à un prix tel que le gain est nul, dans le but seul de ne pas être obligés de prendre des pierres. L'Angleterre y regarderait donc à deux fois avant de favoriser l'industrie des pyrites. »

Le prix du soufre doit baisser par nécessité, mais arriverait il à un taux régulier, c'est-à-dire varierait-il de 20 à 30 tari, ce prix serait encore assez élévé pour permettre les frais d'une exploitation régulière et pour donner de beaux bénéfices.

Mines de soufre de Lercara degli Freddi.

Lercara degli Freddi est une petite ville de 12000 âmes, située sur la *strada reale* da Palerme à Girgenti, à 44 miglia de Palerme (56 kil). C'était il y a trente ou quarante ans une méchante bourgade, sans industrie, sans commerce, et par conséquent sans mouvement et sans vie, comme la plus part des villes de l'intérieur. Mais une fois le soufre découvert, et les premiers travaux commencés, elle s'est rapidement accrue. La population a doublée en quelques années, et elle n'est pas encore parvenue au dégré d'importance qui lui est reservée dans l'avenir, tant par la richesse de ses mines que par sa proximité de Palerme.

Une partie de la ville est bâtie sur le penchant de la colline de la *Croce*, l'une des quatre collines principales où vient affleurer le terrain gypseux; celle qui contient les exploitatious les plus importantes. Le soufre existe certainement sous la ville, car les travaux de la *miniera Palagonia*, s'étendent jusqu'aux premières maisons.

Les quatre collines dites de la *Croce*, de *Madore*, des *Freddi* et de *col di serio* sont toutes d'assez faible hauteúr et à pente très douce. Elles s'apperçoivent de loin à cause des affleurements considérables de calcaires blancs compacts. Ces affleurements ne sont plus visibles sur celle de la *Croce*, à cause de la quantité immense de *ginese* (résidus des calkeroni) et des déblais extraits des *miniere*, qui la récouvrent, mais ils étaient, dit-on assez abondants, et les indices extérieurs devaient en effet être assez frappants, puisque c'est là que se sont faites les premières recherches.

A quelle époque remontent les premiers travaux? L'on n'a à ce sujet comme du reste dans la pluspart des autres villes, aucune donnée certaine. Il y a quelques années, l'on remarquait encore sur la colline de la Croce, les débris de deux petits *calcare* (four de petite dimension qui servait autrefois à fondre le minérai), et cela semblerait indiquer l'existence d'anciennes exploitations, plus tard abandonnées. Quoi qu'il en soit, vers 1834, il n'y avait par de mines en activité. A cette époque, le consul suisse en Sicile, Mr. Hirzel s'arrêta par hasard à Lercara, et remarquant les nombreux affleurements de *briscale*, et les sources d'eau sulfureuse (mintima), fit faire la première *tentativa*. Il réussit, et encouragés par cet exemple, les habitants eux mêmes, et quelques négociants de Palerme, commencèrent d'autres recherches. Toutes ces recherches furent naturellement exécutées aux endroits où étaient les plus surs indices, c'est-à-dire sur le penchant des quatre collines dont je viens de parler, et sur ces quatre collines sont encore concentrées toutes les exploitations actuelles.

Cela ne veut pas dire que l'on n'ait pas aussi tenté quelques galeries dans les vallées peu profondes, ou pour mieux dire dans les plaines qui les séparent, mais de toutes ces *scale* pas une n'a abouti. Toutes à une profondeur différente ont rencontré l'eau. Dans ces derniers temps, des travaux mieux entendus ont été éxécutés, et cette fois avec un plein succès. Ils ont fait reconnaître l'existence de masses considérables de soufre, mais à une profondeur telle, que les aurait-on découverts plustôt, l'exploitation en eut été impossible, avec les moyens en usage.

Le terrain gypseux plonge dans la plaine avec une inclinaison assez forte, décrit une espèce de courbe en fond de bateau, puis se reléve et vient affleurer sur les quatre collines. Nous ne risquons donc guère de nous tromper, en disant que les masses découvertes doivent être selon toute probabilité, et selon la disposition des terrains supérieurs , à la fois plus régulières et plus puissantes que celles exploitées jusqu'à présent, et qui étant voisines des affleurements, sont sujettes à plus d'accidents ; et en prédisant qu'elles seront dans l'avenir une source immense de richesses.

Les terrains encaissants sont: le calcaire , l'anydrite, le gypse et la marne grise bitumineuse. Le calcaire est le plus souvent compact, quelquefois concrétionné ou persillé. Il est blanc en général , tend assez souvent au bleu clair, Il est à peu près partout précédé de la marne bitumineuse, qui est elle même recouverte dans la plaine, d'une masse puissante d'argiles grises ou noires. Cette argile est toujours très compacte. Elle contient de nombreux fragments de grès ou de calcaire.

Le puits de recherche dont nous avons parlé plus hauts fut creusé près de la montagne de *Madore* , à moins de cent mètres de la *miniera Bisconti*. Ce puits a atteint aujourd'hui la profondeur de 250 palmi (environ 60 mètres). Voici les terrains que l'on a traversés et les particularités qu'ils ont présentés:

Au dessous de la terre végétale est venue une argile noirâtre, improprement appelée *tuffo* par les ouvriers , contenant quelques fragments de calcaire, mais en petite quantité. A 25 mètres nous avons trouvé, renfermés dans l'argile, deux ou trois rognons de résine minérale, chose assez singulière car c'est le seul cas de ce genre dont nous avons entendu parler. A 29 m. le *tuffo* a fait place à une couche de marne bitumineuse grise un peu aquifère de 14 m. de puissance. Nous avions déjà rencontré à 16 m.

de profondeur, une veinule de 50 à 60 cent. de cette même marne grise. Après la marne est venue une terre grasse presque rouge traversée de quelques veines d'argile noire ou bleuâtre. Enfin à la profondeur de 216 palmi (55 m.) nous avons trouvé un premier banc de calcaire seulement de 2ᵐ· d'épaisseur. Au dessous était une argile schisteuse presque noire.

Au moyen d'un sondage exécuté au fond du puis, nous avons traversé 52 palmi (12 à 13ᵐ·) de cette argile, et nous avons encore une fois retrouvé le calcaire a 15 m. ce calcaire est devenu *inzolfarato*, et jusqu'à la profondeur de 72 palmi (environ 17 m.), où a été poussé le sondage, la richesse en soufre a toujours été en augmentant.

La couche d'argile bleue ou noire *(tuffo)* recouvre toute la partie du pays qui sépare les quatre collines, et la division du terrain gypseux et de l'argile est très sensible en plusieurs points. A la colline de la *Croce*, les travaux déjà assez étendus de la *miniera sartorio* ont fait reconnaître l'existence d'un plan de division presque vertical. Sa grande inclinaison a fait croire à une *faille* immense qui aurait rejeté très loin le calcaire solfifère. La découverte du calcaire dans le puits dont nous venons de parler, fait voir la fausseté de cette hypothèse, d'ailleurs assez peu admissible.

Il serait difficile, à cause des travaux encore peu considérables, exécutés aux collines de *Madore* et des *Freddi*, de préciser l'existence d'un semblable plan de division. La même raison explique comment les allures du terrain gypseux à Lercara on été si peu étudiées et comment l'on en est encore réduit à cet égard aux probabilités et aux conjectures.

A la colline des *Freddi*, les couches de gypse sont supérieures aux bancs de calcaire. Le *briscale* y existe en

54

grande quantité. Bien que décomposées et se réduisant en poussière au moindre contact, les masses de *briscale* conservent cependant une assez grande cohésion pour que les galeries creusées au milieu d'elles se soutiennent d' elles mêmes.

La colline de *col di Serio*, assez éloignée des trois autres, présente diverses particularités et des phénomênes géologiques assez intéressants.

Le terrain gypseux est traversé brusquement à la profondeur de 100 m. environ du sommet de la montagne, par une faille peu inclinée. Cette faille est un banc de shistes ardoisiers bitumineux dont la puissance est encore inconnue. Ces shistes appelés *Balatine* dans le pays renferment quelques débris de végétaux et quelques pétrifications d'arbres. La structure fibreuse du bais est trés visible, mais il serait plus difficile de reconnaitre la famille, car ils ne sont pas assez bien conservés. Le plan de division de la faille et du terrain gypseux est très bien indiqué. Tous les travaux exécutés dans la colline sont supérieurs à cette faille, car l'eau est à un niveau assez élevé et a empeché d' approfondir beaucoup.

Les affleurements de *briscale* sont très nombreux. En plusieurs points ces *briscale* sont *inzolfarate*. Le soufre ne se présente jamais en masses; mais plustôt en *poches* ou *veinules* irrégulières disséminées dans les bancs de calcaire, et d'argiles noires bitumineuses, et toujours près du sol, toutes raisons qui ont rendu assez difficiles et très peu productifs les travaux entrepris jusqu'à ce jour.

Le terrain solfifère se retrouve probablement au dessous des shistes bitumineux, si ce n'est sous la colline même, au moins dans la vallée où il a pu être rejeté par la faille. En effet, les affleurements de calcaires blancs sont assez

nombreux au fond de la vallée. Malgré toutes ces probabilités, aucune *tentativa* n' avait été faite jusqu' à ces derniers
temps, où les propriétaires de la mine dite *Furitano*, vo-
yant l'inutilité de leurs recherches dans la partie supérieure
de la colline, se sont décidés à faire commencer une galerie horizontale dont l'extrémité vient aboutir à 60 m. environ plus bas que le pied de la colline. Cette galerie doit
aussi servir à l'écoulement des eaux. Sa longueur doit être
au moins de 3 à 400 mètres.

Nous allons à présent donner quelques détails sur chacune
des quatre collines, et désigner toutes les exploitations aujourd'hui en activité. En comparant ainsi leur production annuelle avec ce qu' elle pourrait être, l'on se formera plus
facilement une idée de leur importance.

1° La miniera Sartorio. —C' est la plus an-
cienne et encore aujourd'hui la plus importante. Le niveau
le plus bas où sont arrivés les travaux est à 300 palmi au
dessous de la croix placée au point culminant de la colline, mais l'on n'a encore en aucun point, atteint la limite
inférieure du terrain gypseux. L'étendue du terrrain à exploiter est assez considérable, mais la présence de cette
masse de shistes argileux sous laquelle vient plonger le
terrain solfifère, à été un obstacle à l'étendue des travaux.

La production de l' an dernier a été de 65,000 cantare.
Elle aurait certainement atteint un chiffre plus élevé cette
année, comme le prouve l'accroissement successif dans le
nombre des *picconieri* jusqu' au mois de Mars, si n' était
survenu l'éboulement des mines *Romano* et *Sociale* éboulement dont nous aurons à reparler tout à l' heure. Il rendit
inservable la seule machine déjà insuffisante, employée à
l' épuisement, et le niveau de l'eau s' éleva rapidement.

La gangue la plus commune est le calcaire. Le minérai est
assez riche. Le soufre est de bonne qualité.

A gauche de la route, se trouve d'abord :

2° Miniera du prince Palagonia. — Elle est aussi exploitée par Mr. Hirzel. Le terrain est de peu d'étendue, et, obstacle plus grave à l'extension des travaux, est si rapproché de Lercara, que sur une petite partie seulement il est permis de construire des calkeroni. La production ne dépasse pas 5,000 cantare. Le soufre est d'excellente qualité.

5° Miniera Anzalone. — La production ordinaire est de 10,000 cantare.

4° Miniera Piraino. (Romano et Cie). — La production ordinaire est de 16,000 cantare, mais les travaux sont aujourd'hui arrêtés, car la mine est en feu depuis plusieurs mois. Toutes les ouvertures ont été bouchées, mais il y a probablement quelques fissures de terrains, qui fait communiquer la partie incendiée avec l'atmosphère, car rien jusqu'ici n'a pu éteindre de feu. Un incendie dans une *solfara* est d'ailleurs plus dangereux que n'importe dans quelle autre mine, et une fois déclaré bien plus difficile à arrêter, car à peine lui a-t-on donné le temps de se propager, que les vapeur sulfureuses rendent impossible l'entrée des travaux.

Un accident de ce genre n'est cependant pas très commun, et toutes les mines ne peuvent pas être incendiées. Il faut pour cela que le minérai soit très riche. Sans cela le feu ne se communiquera jamais à une masse considérable.

On raconte un fait curieux survenu près de *Castro Giovani*, au centre de la Sicile, dans une *miniera* qui, incendiée à la suite d'un accident quelconque; resta cinq ans en feu. La mine était située sur le penchant d'une montagne assez élévée. A bout de ressources, le propriétaire fit creuser une nouvelle galerie, dans l'espérance probablement d'atteindre des massifs encore intacts. Cette galerie aboutit dans les anciens travaux, et comme la combustion s'était ralentie à cause du manque d'air, et qu'une grande quantité de soufre se trouvait en fusion, il profita de l'issue qui lui était offerte, et s'écoula au dehors. En une année, le propriétaire recueillit ainsi 16,000 cantare de soufre franc de tous frais.

5° Miniera Giordano. — L'exploitation de cette mine est assez récente. La production ordinaire est de 20,000 cantare.

6° Miniera Sociale. — Elle appartient a la *Fede di Commesseria* qui représente les intérêts du dernier prince de Palagonia mort sans enfants. La production est de 10,000 cantare.

7° Miniera Romano, Pucci et Cie. — Une partie des travaux s'étend dans la plaine qui sépare la colline de la *Croce* de celle des *Freddi*. C'est une des mines les plus riches de Lercara mais sa position rend l'exploitation difficile, car l'eau se trouve à un niveau assez élevé, et tous les moyens tentés jusqu'ici pour arriver à un épuisement complet, n'ont point réussi. Mr. Gardner et Rose qui ont affermé la mine vers 1852, songèrent à y installer une machine a vapeur d'épuisement mais soit manque de calcul, soit économie mal entendue, ils placèrent une machine de 6 chevaux, là où il en fallait une de cinquante. A peine le puits avait il été poussé jusqu'au niveau des travaux, en sorte qu'au bout de quelques années, une partie se trouva à un niveau plus inférieur. Il était facile d'approfondir le puits, mais les exploitants sont arrêtés quelquefois ici par les obstacles les plus insignifiants. Ils ne surent comment creuser le puits au milieu des terrains aquifères, et furent obligés, pour ne pas arrêter l'exploitation, d'installer des pompes *dites à air comprimée*, sur le modèle de celles qui sont usitées en Ecosse.

58

Ce n' était pas là un remède définitif. Aussi de jour en jour, non seulement les dépenses s' accrurent, mais encore les difficultés d' exploitation, et la mine qui avait produit jusqu' à 80,000 cantare, arriva à ne plus faire que 30 ou 35,000. Des éboulements partiels étaient déjà venus à plusieurs reprises diminuer cette production, quand l' éboulement général du mois de Mars 1860, arrêta les travaux. Cet éboulement fut terrible. Dans une seule nuit, il se forma à l' extérieur trois grands précipices de 15 à 20 m. de profondeur, et de plus de 50 m. de largeur, dont un à quelques pas seulement de la machine. En quelques jours, les minières *Sociale* et *Giordano* s' éboulèrent aussi, la première presqu' en entier, la seconde en partie seulement. L' éboulement se fit sentir jusque dans la mine *Sartorio*, qui est sur l'autre penchant de la colline, et deux ou trois *colone* s' éboulèrent.

Le puits fut fortement endommagé. Les fondations de la machine ne purent résister à la secousse. L'on vit bientôt qu' elle ne pouvait plus servir, et l'on ne pensa plus qu'à en enlever toutes les parties, travail qui ne fut pas sans difficulté et surtout sans danger.

Cet éboulement ne fut malheureusement pas le dernier. Deux au trois mois après, survinrent quelques éboulements partiels, et au mois de février dernier, s' éboulèrent presque complètement les mines *Piraino* et *Sociale*, et une partie des travaux de la mine *Palagonia*. L' équilibre de la montagne était détruit. Une partie s' étant affaissée, l' autre devait s' en ressentir, et tout fait prevoir un dernier éboulement plus terrible que les autres, qui détruira cette fois les travaux de la *miniera Sartorio*.

Lercara qui a produit jusqu' à 250,000 cantare, ne peut espérer de produire pendant de longues années plus de 100 ou 120,000.

La seule ressource qui reste aux propriétaires est de faire creuser immédiatement une galerie d'écoulement, ou d'installer ce qui vaudrait mieux encore, une machine d'épuisement d'une force convenable. L'on pourrait ainsi, une fois l'épuisement commencé, passer à de nouvaux travaux, en ayant soin de se maintenir à une profondeur prudente au dessous de ceux qui viennent de s'ébouler.

Malheureusement, il faudrait que les propriétaires participent tous à la dépense et il s'en faut qu'ils soient encore d'accord. Il est probable que bien du temps s'écoulera avant que rien soit définitivement résolu.

2° Colline des Freddi. — C'est la colline dont l'élévation est la plus faible. L'inclinaison du terrain est extrèmement faible, ce qui a rendu impossible la construction d'une galerie d'écoulement d'une profondeur suffisante à un épuisement général. La seule ressource des exploitants était d'installer une machine à vapeur, mais ici se présente la même difficulté que pour les mines *Sartorio Pucci*, etc. Le projet a été bien souvent mis sur le tapis, mais rien n'est encore décidé. Le soufre a été cependant découvert en plusieurs points, et autant que l'on en puisse juger par l'exploitation de la mine *Sinatra*, la masse est riche et puissante. Une machine d'épuisement et un an de travaux préliminaire suffirait pour former une exploitation importante. Il est donc à regretter que par la négligence, ou plutôt l'hésitation de quelques propriétaires, l'on abandonne ainsi ces richesses offerts si généreusement par la nature.

1° Miniéra Sinadra. Les travaux de recherche ont commencés il y a six ans. La production actuelle est de 4 a 6000 cantare. — Le minérai est riche et pur. Le soufre est peut être le plus pur que produise Lercara.

2° Miniera Catalana.—Elle se trouve aux limites de la mine *Sinadra*. Les travaux sont encore peu importants. Elle ne produit pas plus de 2,000 cantare.

3. Colline de Madore. — Elle est située entre les *Freddi* et *Colli di Serio*. Les mêmes obstacles s'opposent toujours à l'exploitation; la même hésitation a empêché jusqu'ici de recourir aux seuls moyens qui peuvent surmonter ces obstacles.

Une seule mine est aujourd'hui en activité :

1° Miniera Orlando et Garofano (miniera Bisconti.) — Elle est située au bas de la colline. Cette mine a atteint un certain dégré de développement, puisque dans ces dernières années, la production s'est élevée jusqu'à 15,000 cantare. Des éboulements considérables survenus l'an dernier et cette année, ont diminué sa production des $^3/_4$. Les frais d'exploitation sont énormes. Les travaux sont presqu'en entier au niveau de l'eau, et pour pouvoir travailler l'on est obligé d'épuiser au moyen d'un grand nombre de pompes à bras communiquant avec un *acqueduc* trop superficiel.

2° Loria et Tussolino.—C'est une vieille mine aujourd'hui abandonnée, située aux limites de la *miniera Bisconti*, sur les flancs de la colline. L'eau a empêché de pousser les travaux bien en avant, et le minérai que l'on exploitait était trop pauvre pour payer les frais. La plus grande production a été de 8000 cantare.

3° Miniera Peccoraro. — La mine est presque au sommet de la montagne. Elle a été abandonnée depuis longtemps par les mêmes raisons que la précédente, c'est-à-dire à cause de la pauvreté du minérai.

Le reste de la colline est encore vierge de toute recherche. Les signes extérieurs sont cependant bons, et sur un

monticule voisin, l'on a trouvé un grand nombre de fragments de gypse *inzolfarato*, dans une carrière à plâtre. Ce
monticule se trouve entre les *Freddi* et *Madore*. Toute cette
partie sera probablement sous peu de temps, en pleine exploitation.

4° Colline de Col di Serio. — Beaucoup de recherches ont été faites, mais il n'existe pas encore d'exploitation un peu importante.

1° Miniera Furitano. — Les premières recherches remontent vers 1830, et depuis cette époque, les travaux ont continués presque sans interruption. Ils ont fait
reconnaitre l'existence d'un grand nombre de veinules de
0m, 25, 0m, 50, et 1m, mais aucune masse n'a été découverte. Nous avons parlé plus haut des nouvelles recherches importantes entreprises par les propriétaires.

La production annuelle n'est encore que de 4 à 6000
cantare.

2° Miniera Buon Giovani. — La mine a produit jusqu'à 16,000 cant., mais des éboulements ont diminué cette production qui n'est plus aujourd'hui que de
4,000 cantare.

4° Miniera Rotolo. — Elle se trouve absolument
dans les mêmes circonstances que les deux autres. Elle a
parconséquent les mêmes chances d'avenir, une fois la
galerie d'épuisement achevée. La production n'est en ce
moment que de 2,000 cantare.

Le minérai de ces différentes mines est en général assez
pauvre, et le soufre produit de médiocre qualité. La gangue
est le plus ordinairement le calcaire compact ou le *tuffo*.
Les shistes argileux contiennent des principes bitumineux
qui communiquent au soufre une couleur brune prononcée.

62

En résumé, l'ont voit que la production annuelle de Lercara, malgré les graves obstacles qui se sont opposés au développement des travaux, obstacles qui viennent plutôt des exploitants que de la nature elle même, a été jusqu'ici d'environ 200,000 cantare; c'est-à-dire qu'elle dépasse *deux millions quatre cent mille francs*. Les frais n'absorbent pas à beaucoup près la moitié de cette somme. Le bénéfice net dépasserait donc *un million*.

Or, si l'on se rappelle les chiffres auxquels sont arrivés plusieurs des mines de la colline de la *Croce*, si l'on fait attention à l'accroissement que ne peuvent manquer de prendre les travaux, une fois les moyens d'épuiser la montagne trouvés et mis à exécution, on peut facilement admettre que cette production puisse s'élever, et au bout de peu de temps a plus de 250000 cantare. Les collines de *Madore*, des *Freddi*, et de *Col di Serio* sont d'une étendue presque semblable. Sans admette cependant un chiffre aussi fort (les travaux de reconnaissance n'ont pas encore été poussés sur une aussi grande étendue), en maintenant par exemple, pour *Madore* une production moitié de celle de la *Croce*, et en ne portant qu'à 100,000 cantare celle des *Freddi* et de *Col di Serio* (résultats certainement inférieurs à ceux que l'on peut atteindre par quelques travaux bien dirigés et l'installation de fortes machines d'épuisement), l'on arrive toujours à une production générale de près de 600,000 cantare, c'est-à-dire environ un quart de la production annuelle de toute la Sicile, ce qui réprésente un bénéfice d'au moins *deux millions*. Si le lecteur a lu avec attention ce qui précède, il ne pourra nous accuser d'exagération.

Ces résultats parlent assez éloquemment par eux mêmes, pour que nous ayons besoin de rien ajouter.

III

TRAITEMENT DU MINÉRAI

Nous abordons à présent une question importante, mais cependant bien peu connue encore. Ce n'est pas qu'à plusieurs reprises et surtout dans ces dernières années où l'industrie soufrière s'est rapidement développée, bien des essais n'aient été tentes, soit pour changer complètement le système de traitement actuellement en usage, soit au moins pour améliorer ce système autant que possible. Mais de toutes ces tentatives, soit par ce qu'elles ont été mal dirigées, soit par ce qu'elles ont été entreprises dans des conditions tout à fait spéciales et défavorables, pas une n'a réussie, et le seul traitement encore en usage dans toutes les mines de Sicile, est le grillage à l'air libre dans des tas découverts.

Ces tas acquièrent quelquefois des dimensions trés considérables: ils sont seulement entourés jusqu'à la moitié de leur hauteur d'un mur circulaire en pierres séches. Ils portent le nom de calkeroni.

Primitivement ils avaient des dimensions très restreintes. Les *calcare* en usage jusqu'en 1834 n'avaient que 2 ou 5 m. cubes de capacité, et n'avaient pas de forme régulière. Ils étaient aussi entourés d'un muraillement grossier. Sur le devant, l'on pratiquait une ouverture a section rectangulaire , que l'on bouchait provisoirement avec du plâtre, pendant la mise en feu; c'était le *trou de coulée*. La *sole* était grossièrement faite avec des *ginese*, c'est-à-dire avec les cendres provenant des opérations précédentes. Pour la mise en feu, l'on réservait à la partie supérieure des trous assez profonds dans lesquels l'on plongeait des bouchons de paille trempés dans du soufre fondu et allumés. Le feu une fois mis, l'on abandonnait le four à lui même. Au bout de quelques heures, l'on ouvrait le trou de coulée, et l'on reçevait le soufre dans des moules en bois ayant la forme de tronc de pyramide appelées *gavile*. Les masse du soufre ainsi produites portaient le nom de *ballate*.

Le prix de revient avec des tas aussi petits et aussi grossièrement construits était énorme. En 1844, un ingénieur Français , Mr. Durand proposa un four particulier qui réussit et fut presqu' exclusivement employé jusque vers 1850 , époque à la quelle l'on revint au grillage à l'air libre, en apportant cependant à l'ancien *tas* des mofications importantes.

Le système Durand est un espèce de grillage à vase clos. Le four est rectangulaire ; il communique avec une chambre de condensation qui est elle même suivie de cinq à six rangées horizontales de conduits à section carrée. Ces conduits sont en maçonnerie et disposés en zig-zag. Ils aboutissent à une cheminée d'environ 20 palmi de hauteur pouvant servir à cinq ou six de ces appareils.

Le chargement se faisait par la partie supérieure où l'on ménageait à cet effet une ouverture circulaire , et par 2 portes pratiquées sur le devant du four. Une grille disposée par coté et chargée de menu bois, servait à donner le feu.

Le soufre produit passait dans la première chambre, et de là dans les conduits en zig-zag. Pour règler plus ou moins le tirage, on plaçait une soupape près de la cheminée. Dans l'idée de l'inventeur, une partie du soufre en vapeur devait venir se déposer dans la chambre de condensation et dans les conduits, mais en réalité, la quantité de soufre déposé était insignifiante, et cela tenait assurément à la température trop élevée et à la petite capacité des chambres. Il arrivait même fréquemment que le soufre déjà déposé s'enflammait et brûlait entièrement sans qu'on pût chercher à l'éteindre

Le four Durand par son principe même présente des chances de pertes considérables. Une chose cependant digne de remarque, sont les précautions quelquefois plus que puèriles par lesquelles on cherchait à augmenter le rendement: Par disposition du gouvernement, l'on devoit placer dans chaque chambre des vases remplis d'eau « qui devaient servir à condenser les vapeurs. »

Un four semblable pouvait revenir à 500 fr. La contenance était d'environ 3 m. Cubes. On passait 4 charges par semaine, c'est-à-dire six caisses de minérai. Chaque opération durait 30 heures 12 h. pour la mise en feu, 18 pour la fusion.

Les frais de chargement étaient de 2 tarì gr. 10 (1, fr. 10) par *cassa;* ceux du déchargement 2 fr. (0,88). Un seul ouvrier suffisait au travail. En somme le prix de revient était d'a peu près 3 tarì par cantare (1 fr. 30).

Ce four ne réalisait qu'une faible économie sur le four précédent. Il manquait au but qu'avait du probablement se proposer l'inventeur, celui de pouvoir par la condensation plus ou moins complète des vapeurs être employé dans toutes les saisons.

66

En 1850, comme nous l'avons dit, il fut abandonné et l'on revint au système précèdent, en modifiant toutefois la forme et la dimension des tas, ce qui a permis de réaliser une économie notable dans le prix de revient.

La forme du *calkerone* actuel est celle d'un cylindre surmonté d'un tronc de cône. La maçonnerie cylindrique qui l'entoure n'est pas d'une hauteur uniforme, car on donne à la *sole* une forte inclinaison vers le trou de coulée. La hauteur moyenne de cette maçonnerie varie beaucoup suivant les pays, c'est-à-dire suivant la nature du minérai. A Lercara le rapport de cette hauteur au diamètre du calkerone est de $^1/_4$ environ. A Villarosa ce rapport est de $^1/_3$.

Le profil ordinaire d'un calkerone est donc celui représenté par la **Fig. I Pl. I.** La forme est cependant un peu variable. Les parois latérales sont quelquefois un peu inclinées. Autrefois on donnait souvent a la *sole* la forme carrée. Cette forme peu commode n'est aujourd'hui usitée nulle part.

Sur le devant du tas, l'on construit une espèce de maison qui sert à protéger l'ouvrier pendant la fusion. Comme dans les *calcare,* l'on ménage une ouverture à section rectangulaire de 1^m, à 1^m, 50 de hauteur, qui sert de trou de coulée et que l'on appelle *morte.* Cette ouverture est provisoirement bouchée avec du plâtre au moment de la mise en feu. La *sole* est formée de 20 à 30 centim, de *ginese* d'abord humectées et fortement tassées.

Le chargement se fait comme dans les fours destinés au grillage, c'est-à-dire que l'on a soin de placer à la base les fragments les plus gros et de les arc-bouter un peu pour laisser une entrée plus libre à l'air, et un passage plus facile au soufre quand il coule. Cette précaution ne s'étend qu'à la première assise. A la hauteur de 50 cent. l'on jette le minérai au hasard et l'on ne s'occupe plus que de donner au tas une forme régulière et stable, et de menager au moyens de batons enfoncés à la partie supérieure des trous destinés à faciliter la mise en feu.-Le chargement achevé, l'on recouvre la partie qui s'élève au dessus de la maçonnerie d'une faible couverture de *ginese*, de manière à diminuer autant que possible l'action trop oxydante de l'air.

La grandeur des calkeroni est une chose excessivement variable. Les plus petits sont de 50, 80 casse (100 a 160 m. cubes.) (*Cassa* de *Lercara*); les plus grands sont de 400, 500 *casse* (800 a 1000 m. cubes). Le diamètre du cylindre, pour un *calkerone* de 400 *casse* peut être de 20 mètres. La hauteur du tronc de cône est alors de 3 à 4 mètres. En général l'on donne à la maçonnerie une épaisseur trop faible, et les fondations sont trop peu profondes. Cela offre d'autant plus d'inconvénients que le plâtre que l'on emploie partout, ne vaut naturellement rien pour ce genre de constructions. Pour peu que la température s'élève, il se grille et le soufre pénètre dans l'intérieur de la maçonnerie et souvent s'écoule au dehors. Nous avons vu certains cas où il se formait des ouvertures assez considérables pour qu'une partie du soufre s'écoulât ainsi, sans qu'il fut possible de s'en appercevoir, au moins sur le moment, attendu que les deux côtés du *calkerone* sont garnis de *ginese* disposées en gradins, pour la facilité du chargement.

Un *calkerone* de 400 casse peut revenir à 250 onze (3300 fr.). Il peut durer une huitaine d'années, mais il a besoin de réparations tous les ans.

Mise en feu.—La mise en feu se fait ici exactement comme dans les anciennes *calcare*. Cependant dans quelques parties de la Sicile, l'on procède un peu différemment. La cou-

68

verture de *ginese* ne s'étend pas sur toute la surface. On
laisse sur le derrière un espace découvert de 2m. à 2m, 50,
et l'on met directement le feu au minérai. On laisse brûler 5
ou 6 heures à l'air libre, puis quand le feu s'est assez bien
communiqué à la masse, l'ont finit la couverture.

Quand le feu commence à s'étendre, l'on abandonne le
calkerone à lui même, et la température s'élevant graduellement, commençent à se passer dans l'interieur les phénomènes connus de la fusion du soufre.

1re **Période**. — Le soufre subit une première fusion et
commence à couler vers le trou de coulée où il se rassemble.

2me **Période**. — Le soufre déjà fondu se coagule. La
chaleur continue à se répandre, c'est-à-dire à descendre.

3me **Période**. — La chaleur dépasse 200°. Une partie
du soufre coagulé commence à fondre.

Il faut longtemps avant qu'une quantité suffisante de soufre soit en fusion. En général l'on attend que la niveau du
soufre fondu ait atteint le niveau supérieur de la *morte*,
c'est-à-dire que l'*intavolatura* soit achevée, suivant l'ex-
pression du pays, avant d'ouvrir le trou de coulée. Le temps
qui s'écoule entre le percement de la *morte* et la mise en feu
est très variable. Il dépend de la grandeur du *calkerone*, de
la saison, et de la nature de la gangue. En général, et toutes
choses égales d'ailleurs, pour un *calkerone* de 400 casse, il
faut attendre au moins 25 jours; pour un de 200 , 18 jours.
Si le temps est pluvieux ou seulement humide, un mois et
demi, deux mois peuvent s'écouler, avant que l'on puisse
commencer la coulée.

Travail de l'arditore.—C'est ainsi que l'on appelle l'ouvrier chargé de la surveillance et de la conduite du *calkerone*. Jusqu'au moment de la fusion, tout son travail consiste à empêcher autant que possible que l'échauffement soit

trop rapide ou inégal. De temps en temps, pour vérifier la hauteur qu'à atteint le soufre et son plus ou moins de fluidité, il pratique de petites ouvertures dans la *morte* par lesquelles il passe de petites baguettes en fer. S'il voit qu'en quelques points, l'entrée de l'air a un trop libre passage, ou qu'au contraire la température n'a pu s'étendre uniformement, ce dont il s'aperçoit, ou bien à des dépôts plus ou moins considérables de soufre en fleur qui viennent se déposer à la surface, ou bien aux vapeurs trop épaisses qui s'échappent, il doit suivant les circonstances augmenter ou diminuer la couverture.

Le premier trou de coulée se pratique à l'extrémité supérieure de la *morte*. On reçoit l'*olio*, c'est-à-dire le soufre fondu, dans les *gavite* en bois ; chaque *balatta* produite peut peser de 60 à 70 Rotoli. A mesure que le soufre diminue, l'on ouvre de nouveaux trous de coulée au dessous du premier.

Avec cette méthode de traitement, qui n'est en somme qu'une espèce de grillage, l'on devrait pour obtenir le rendement le plus grand possible, chercher à maintenir la température entre 250 et 300°. Mais comment y arriver, avec des fours d'aussi vastes dimensions? Le seul remède que l'on connaisse, pour diminuer un peu la chaleur, est l'injection d'une certaine quantité d'eau dans l'intérieur du *calkerone*. Quand la température est trop élevée, ce dont on s'aperçoit aisément à l'échauffement de la paroi et à la couleur obscure, de l'*olio*, l'on refait la *morte*, qui sans cette précaution grillerait, avec de l'argile, et l'on réserve à la partie supérieure une ouverture par laquelle on injecte l'eau. C'est là sans doute un remède bien insuffisant, mais qui ne laisse pas de produire de bons effets dans quelques circonstances.

Le temps nécessaire à la coulée est encore une chose très variable. L'on peut compter un mois environ pour un calkerone de 400 *casse*.

Les accidents qui peuvent survenir pendant le cours de la fusion dépendent de la mauvaise construction du *calkerone*, des circonstances atmosphériques, et surtout de l'inadvertence de l'*arditore*. S'il n'a pas soin de faire ses essais à des intervalles assez rapprochés, et d'ouvrir à temps le trou de coulée, la masse du soufre fondu qui se rassemble derrière la *morte*, est quelquefois capable de faire éclater celle-ci, et tout le soufre se répand au dehors. Des accidents de ce genre sont assez fréquents.

Parmi les causes qui influent le plus sur le rendement des *calkeroni* et la qualité du produit, les principales sont:

1° Guangue. — Les gangues, comme nous l'avons déjà vu sont presque exclusivement le *calcaire*, l'*anydrite*, le *gypse*, l'*argile shisteux*, le *briscale*, et la *marne blanche crayeux*.

En général, sous le rapport du rendement et de la qualité, la gangue calcaire vaut mieux que le gypse et l'argile; et parmi les différentes espèces de calcaires, le meilleur est encore le calcaire blanc peu résistant. Une variété assez commune est le calcaire blanc persillé. Il ne peut avoir naturellement aucune influence pernicieuse, mais à richesse et à volumes égaux, il ne peut évidemment avoir le même rendement que celui à grains serrés.

La gangue la plus mauvaise, celle qui a l'influence la plus défavorable, est le gypse blanc pulvérulent, *briscale*. Par suite du grillage du gypse, il y a probablemeut excès de température, et c'est là ce que les ouvriers expriment en disant que dans la combustion il *mange le soufre*.

Le *tuffo*, c'est-à-dire l'argile noire ou grise, empêche la chaleur de se répandre uniformément dans la masse. Il faut pour que la fusion soit faite un temps plus long , et il y a par conséquent plus de pertes. Si le *tuffo* est un peu bitumineux , nous avons vu plus haut quelle influence il exerçait aussi sur la qualité du soufre produit.

2° Saison. — En beaucoup de points de la Sicile, et notemment à Lercara, il n'est permis d'allumer les *calkeroni* qu'à partir du 1ʳ Septembre jusqu'au 1ʳ Février. Il n'y a pas de loi à cet égard, mais ceux qui allument après le 1ʳ février doivent payer les dégats qu' occasionnent aux moissons les vapeurs sulfureuses. La fusion se fait ainsi dans toute la mauvaise saison pendant les mois de l'année où la pluie est presque continuelle.

L'on prétend que lorsque le temps est un peu froid, les pertes sont plus considérables. Cela n'est vrai que lorsqu'avec le froid, il règne une assez grande humidité dans l'air. Malheureusement le froid est presque toujours accompagné de la pluie, en Sicile.

3° Vent. — Il active trop le tirage, et par son action oxydante, favorise le dégagement des vapeurs. Il empêche aussi la chaleur de se répandre uniformément, et souvent quand soufle le *giroco*, vent d'Afrique qui est très violent, la partie qui est exposée au vent est trop brulée pendant que de l'autre côté le soufre ne prend pas même feu.

4° Pluie. — L'humidité est certainement ce qui il y a de plus pernicieux pour le rendement des *calkeroni*. Si le minérai a été mouillé avant le chargement, où même s'il survient après une pluie assez forte, le rendement diminue d'une manière considérable. Quand par exemple, le soufre se trouve mélangé avec de l'argile, celle ci s'imprègne d'eau, et le minérai peut arriver à ne donner que la moitié et souvent même beaucoup moins de son rendement habituel.

72

Quelquefois, pour peu qu'il soit réellement pauvre *(magro)*, le *calkerone* refuse de prendre feu.

5° État de pureté du soufre. — Le minérai ne doit être ni en poussière ni en trop gros morceaux. Dans beaucoup de mines, l'on travaille à la poudre, et les fragments sont d'une grosseur énorme. Ils doivent être cassés au moment du chargement; sans cela ils rendraient l'opération plus longue, et augmenteraient les pertes. Le minérai à moitié décomposé, et tombant en poussière au moindre contact, comme il s'en trouve beaucoup, surtout dans les points où l'eau a séjourné un certain temps, est rejeté en grande partie. Il empêche la combustion et à mesure que le soufre fond il entraine avec lui la plus grande partie de ses impuretés. Quand il est très riche, il est l'objet d'un traitement particulier, comme nous le verrons bientôt, en étudiant ce qui a rapport au traitement du soufre gras *(talamone)*.

Calcul du prix de revient de chaque fusion.

	EN FRANCS		MON. SICIL.		
			onces	tarì	gr.
1° Chargement. — On donne le chargement à l'entreprise. On peut admettre en général que 4 hommes et 60 caruzzi, travaillant pendant 5 jours peuvent charger un *calkerone* de 400 *casse*. L'entrepreneur est payé à raison de tarì 2 gr. 10 pour *cassa* . . .	440	»	33	10	»
2° Grillage. — Pendant le premier mois, c'est-à-dire pendant la mise en feu, un seul ouvrier suffit au travail. Il est payé 5 a 6 tarì. — Pendant le second, c'est-à-dire pendant la coulée il faut 5 ouvriers . .	277	20	21	»	»
3° Déchargement. — Il est aussi donné à l'entreprise. On paye 2 tarì par *cassa*	352	»	26	20	»
Fr.	1069	20	81	»	»

Observations
—

Nous supposons un *calkerone* de 400 *casse*, et nous admettons que le temps employé pour la mise en feu et la fusion, soit en tout de deux mois.

Prix de revient par cantare de soufre produit. — En supposant que le rendement soit de 4 cantare par *cassa*, le prix de revient est de 1, tarì 10 gr. par cantare de soufre. Si l'on tient compte des frais de construction et de réparations du *calkerone*, il peut s'élever à 1, tarì 15 gr. ou 2 tarì.

Nous n'avons pas à nous étendre sur les inconvénients du calkerone, inconvénients qui résultent tous du système même.

L'inconvénient le plus grave, par ce qu'il influe sur la prospérité même de la mine, est l'influence pernicieuse qu'il exerce sur la végétation, et qui a motivé la mesure dont nous avons, parlé plus haut. Cette influence est excessive et frappe tous les étrangers. Les environs des mines perdent en quelques années leur fertilité. Les arbres se dessèchent et meurent. Il suffit de quelques *cadaste* , qui s'enflamment pour ruiner la récolte sur une étendue de terrain considérable. Dans le mois d'Avril dernier, l'on mit par malveillance, à *Serradifalco*, le feu à des cadaste appartenant à Mr. Scalia. Plus de 1000 *casse* de minérai furent ainsi perdues , et les récoltes furent détruites à 5 ou 6 *miglia* à la ronde.

Avec le système de grillage partout en usage, il est évident que l'on ne peut espérer un rendement bien élevé. L'on pourrait cependant modifier facilement le *calkerone*, de de manière à diminuer un peu les pertes occasionnées par excès de chaleur. Il faudrait pour cela se rendre maitre du tirage, c'est-à-dire régler l'entrée de l'air, ce qui devient impossible avec les fours actuels , à moitié découverts. Voici quelques détails sur un four assez semblable à ceux qui sont employés en Bohème pour le traitement des pyrites. — Le principal avantage de ce four est de remplacer le grillage à l'air libre par un grillage en *tas à parois fixes*, où l'on pourrait jusqu'à un certain point régler le tirage au moyen de conduits d'air munis de portes,, et d'une cheminée.

Projet de four pour grillage, à parois fixes.

Les fig. (3 et 4), Pl (1) donne le dessin de ce four:

A est un espace rectangulaire entouré de parois en maçonnerie. La hauteur est de 2 m.; la largeur de 2 m. sur 2^m, 50; la longueur de 4 à 5^m. Le face supérieure est libre. Quand le four est chargé, on la recouvre d'une couche de *ginese*.

Comme la température ne doit jamais être bien élevée, l'on peut se contenter d'une maçonnerie en pierres sèches, revêtue a l'intérieur de briques ordinaires. La *sole* peut être aussi revêtue de briques, ou bien simplement préparée en tassant fortement des *ginése* un peu humectées sur une hauteur de 0^m, 25 a 0^m, 50.

Pour la facilité du chargement, et du déchargement, on peut ménager un escalier grossier sur l'un des côtés, et de l'autre une porte de 60^c. de hauteur, bouchée avec quelques briques au moment de l'opération.

à à sont les conduits d'air munis de portes par lesquelles on règle le tirage.

a a sont des ouvertures à section rectangulaire de 0^m, 50 de hauteur sur 0^m, 25 de large, qui doivent être fermés avec un peu de plâtre après le chargement. Ces ouvertures doivent faire le même office de la *morte*. Elles permettent de se rendre assez bien compte de la température intérieure, et il est toujours bon d'ailleurs de laisser au soufre le temps de se rassembler en assez grande quantité, avant de commencer la coulée.

b b b sont les bassins destinés à recuellir le soufre. Il serait assez difficile de chauffer jusqu'à *volatilisation*, car cela exigerait un trop grand développement dans les chambres de condensation.

c c c sont des carnaux qui communiquent avec les chambres c c c. Ces carnaux peuvent avoir une section de 0^m, 25 carrés.

c c c sont des chambres de condensation ou nombre de 3 ou 4. Leur volume doit être de d'environ 10 à 12 m. cubes.

G est une *gaine* d'aérage commune à 5 au 6 *tas*. Cette gaine communique à une cheminée de 5 a 6^m, d'élévation, qui peut avoir pour section 0 , 40 sur 0 , 40. Elle peut servir à 5 appareils.

La fusion faite ainsi dans des tas entourés d'une maçonnerie fixe permettrait certainement d'obtenir une certaine économie, économie relative bien entendue, car le principe du traitement n'est pas changé, et l'on continue toujours à: *bruler une partie du soufre pour fondre l'autre.* L'on ne peut donc jamais espérer d'élever bien haut le rendement.

La *volatilisation* du minérai n'a pas encore été essayé. Elle présente d'assez grandes difficultés, et ne pourrait guère être appliquées qu'aux minérais extrêmement riches, par exemple au minérai en poussière (talamone).

La fusion à vase clos qui est la seule rationnelle, mais qui présente aussi quelques difficultés, a été dans ces derniers temps l'objet de plusieurs essais. Ils ont échoué mais peut être ne doivent-ils leur peu de réussite qu'aux conditions spéciales dans lesquelles se sont trouvés les inventeurs.

La disposition d'un *four de fusion* pour soufre serait certainement la suivante (**Voir fig. (2) Pl (1)**). Il ne nous a pas été donné de pouvoir l'essayer, et par conséquent nous ne pouvons assurer si dans la pratique il don-

78

nerait des résultats aussi satisfaisants que la théorie semblerait l'indiquer. Il faut être ici très circonspect, quand on
veut essayer de nouvaux systêmes inconnus au pays, et une
des chances d'insuccès les plus grandes pour les inventeurs qui jusqu'ici ont voulu amméliorer le traitement du
minérai, a été la trop grande importance qu'ils ont atta-
chée à des *essais* faits en petit, et leür peu de circonspection quand ils en sont arrivés à l'*essai pratique*.

F est un *foyer générateur* circulaire ou carré de 0^m, 60
de côté ou de diamètre, de 1^m, 50 de hauteur depuis le
gueulard jusqu' à la grille.

a b est un *rampant* par où s'échappent les gaz réduc-
teurs. Il est placé à 1^m, au dessus de la grille. — Ce rampant a 0^m, 40 de longueur.

A est un *cuve* de 1^m, 20 à 1^m, 50 de diamètre et de
deux mètres de hauteur. Un même foyer peut desservir
deux cuves, en disposant les cuves symétriquement par
rapport au foyer.

c c c sont des chambres de condensation.

G est une gaîne commune à plusieurs fours et aboutis-
sant à une cheminée unique.

N. B. — Chaque cuve **A** aura une forte inclinaison
vers une bassin extérieur **B**. C'est par cette sole et dans
le bassin que se rendrait la plus grande partie du soufre
à l'état fondu. On pourrait s'arranger où régler le tirage de
manière que la température des gaz dans la cuve **A** chargée de fragments de minérais, n'atteignit pas le point de
volatilisation du soufre, auquel cas les chambres **c c c** n'auraient pas besoin d'être aussi développées. Dans ce cas le
soufre en fusion serait reçu dans un bassin extérieur **B**.

La forme du foyer (générateur), permet de pouvoir utiliser toutes sortes de combustibles, et utiliser mieux le pouvoir calorifique de ces combustibles.

La contenance de la cuve serait de 5^{m^3}, 380, c'est-à-dire près d'une *cassa* (Lercara). — L'on pourrait certainement passer une *cassa* par 12 heures, c'est-à-dire deux caisses par jour.

La construction de ce four est très simple. La température peu élevée que l'on a à obtenir, et dans laquelle il faut se maintenir n'exige ni un revêtement en *briques réfractaires* ni aucun travail dispendieux. Tout frais compris, chaque four peut revenir à 600 francs.

Le volume de chaque chambre de condensation est d'environ 4 m. cubes.

La *conduite* d'un four semblable exige le travail de 3 hommes par 24 h. Un seul travaille à la fois. Les frais s'élèvent donc à environ 18 tari par 24 heures, soit 9 tari par cassa (3, fr. 80).

Nous ne pouvons pas terminer ce qui concerne le traitement du soufre, sans parler d'une de ces tentatives faite assez récemment par un ingénieur Anglais, Mr. Gills. Le premier essai n'a pas été favorable, peut être serait-on plus heureux dans les suivants. Quant à nous, nous sommes persuadés que l'inventeur aurait évité l'insuccès en corrigeant seulement quelques vices de construction qui se remarquent au premier abord.

Le principe de cette nouvelle méthode de traitement consiste à faire arriver sur le soufre de l'air chauffé par la combustion du coke ou de la houille.

Le four, de Mr. Gills a exactement la forme d'un cylindre dont le diamètre égale 4^m, environ, et la hauteur égale 10^m. A 50 cent. à peu près au dessus de la *sole* circule tout autour du four un conduit de 50 cent. carrés, qui débouche das l'intérieur au moyen de petites ouvertures de 20 cent. carrés. Ce conduit communique d'un côté à un

80

foyer placé en arrière et presque au niveau de la partie
supérieure du four, de l'autre à une gaine d'aérage qui
aboutit elle même à une cheminée de 5 a 6m.

A la partie supérieure du four se trouve un second conduit semblable au premier.

La coulée se fait toujours par une ouverture rectangulaire ménagée sur le devant. Cette ouverture a environ 60
ou 70 cent. d'élévation. Elle est murée pendant le temps
de la fusion avec des briques croyons nous.

La *sole* est préparée avec des *ginese*.

Le chargement se fait par une porte pratiquée aux ⅔ de
la hauteur et par une ouverture circulaire ménagée à la
partie supérieure.

Les vices de construction dont nous avons déjà fait men-
tion, sont au nombre de 4:

1° La forme même qui rend le déchargement long et
difficile.

2° La mauvaise position du foyer qui, nous ne savons
trop pourquoi, l'inventeur a jugé a propos de placer si
haut. L'air chaud est obligé de descendre pour se rendre
dans les conduits. Cela diminue naturellement le tirage, et
il y a une dépense plus grande en combustible.

3° La forme même du foyer qui n'est pas du tout disposée pour l'usage auquel il doit servir. C'est une grille des
plus ordinaires dont les dimension sont 4 pieds de hauteur
sur 4 de longueur.

4° Les dimensions du four qui sont un peu exagérées.
Le four a un volume de plus de 120 m. cubes.

Si ce four ne finit pas par réussir, cela tiendra nécessairement à ce que la dépense en combustible est trop forte.
On aurait pu changer la forme de la *chauffe*, de manière à
pouvoir utiliser toutes sortes de combustibles, le bois par

exemple, qui tout cher qu'il est reviendrait certainement moins cher que le coke ou la houille. En lui donnant une forme se rapprochant de celle du *générateur*, et activant le tirage au moyen d'une *tugère* placée presqu' immédiatement au dessus du générateur, l'on règlerait beaucoup mieux la température, et l'on réaliserait certainement une économie notable.

Traitement du soufre gras (Talamone).

On appelle *talamone* du soufre presque pur et en poussière, qui se trouve en amas souvent considérables dans certaines mines. Quelquefois ce sont des espèces de poches renfermées dans le calcaire tendre et décomposé, ou dans d'autres terrains qui n'ont jamais une grande consistance. Ce talamone est dû à l'action de l'eau qui a décomposé la gangue. En effet, il ne se trouve guère qu'aux points où l'eau a déjà séjourné.

Dans beaucoup de mines, il est abandonné. Il se prête en effet très mal au système des *calkeroni*, car il empêche l'action de l'air, et en fondant entraine avec lui ses impurétés. On a bien essayé de le placer à la partie supérieure des tas, pourqu'il eut un effet moins nuisible, mais il n'en est pas moins vrai qu'il exerce toujours une mauvaise influence sur le *rendement* des *calkeroni*, et sur la qualité du produit.

On pourrait avec avantage le distiller dans des *fours de galère*, mais ce système n'a pas encore été employé. A Lercara et dans quelques autres mines, on se contente de le fondre dans de grandes chaudières en fonte, chauffées au moyen d'une *grille* chargée de menu bois.

Un appareil complet se compose de deux de ces chaudières et de la grille qui est placée au milieu. Voici en deux mots comment est conduite l'opération :

On commence par chauffer les chaudières, puis on jette au fond un peu de *talamone*. A mesure qu'augmente la chaleur, l'ouvrier remue la masse avec une espèce de cueiller en fer. Quand elle est fondue, il ajoute encore du minérai et continue toujours à remuer, en rejettant hors de la chau-

dière les parties impures qui se séparent presqu'immédiatement. Quand la chaudière est pleine, et la masse bien en
fusion, on éteint graduellement le feu, et après avoir abandonné la masse un certain temps à elle même, on obtient
une complète séparation du soufre et des dernières impuretés qui plus denses vont se rassembler au fond de la chaudière. Dès qu'il s'est formée une légère croute qui annonce
un commencement de refroidissement, on commence à verser
le soufre dans les *moules*. Au fond reste une couche assez
épaisse d'impuretés riches cependent en soufre, que l'on
appelle *metale*. Ce produit est dur, pesant, et peu fusible.
C'est certainement un mélange de sulfures et de résidus terreux.

Le *metale*, bien qu'il contienne jusqu'à 40 % de soufre,
est presque toujours rejeté. Quelquefois on le transporte
dans les tas de grillage, mais ce système de traitement
lui convient très peu à cause de son peu de fusibilité.

L'opération complète demande 24 h.; 6 ou 8 h. sont
employées à la fusion, 12 au refroidissement, 2 à la coulée. — Une chaudière contient environ 1 *cassa* de minérai
(Lercara). Le rendement moyen est de 8 à 10 cantare. Le
soufre produit est toujours de qualité inférieure.

Le diamètre de la chaudière est de 1^m, 50; Son volume
d'environ 2 m. cubes.

Une chaudière peut coûter 50 onze. Elle dure trois ans.

En général, l'extraction du *talamone* et son traitement
aux chaudières, sont donnés à l'entreprise. L'entrepreneur
doit tout fournir. Il est payé 6 tarì ou 6, tarì gr. 10 par
cantare de soufre. — A Lercara le bois coûte 5, tarì le cantare. Nous avons pu nous assurer qu'en quelques points de
la Sicile, le bois était si chèr, qu'il devenait impossible de
traiter le *talamone*.

Prix de revient par chaque opération par cantare de soufre produit.

	PAR OPÉRATION				PAR CANTARE SICIL.			
	en francs	mon. Sicil.			en francs	mon. Sicil.		
		onces	tari	gr.		onces	tari	gr.
1° Extraction du minérai . .	9	68	»	22	»	0	96	»	2	4
2° Bois (3 a 4 cantare) . .	7	92	»	18	»	0	79	»	1	16
3° Main d'œuvre	4	40	»	10	»	0	44	»	1	»
	22	00	1	20	»	2	19	»	5	1

Observations

Nous avons maintenu les suppositions précèdentes c'est-à-dire que la chaudière contient 1 cassa de minérai, et que le rendement est de 10 cantare.

Le soufre produit, soit par les chaudières, soit par les *calkeròni*, n'est jamais bien pur. Il est encore mélangé d'une certaine quantité de matières terreuses dont on le débarrasse par distillations dans les usines du continent.

L'on pourrait se demander, et avec justes raisons, pourquoi cette dernière opération ne s'effectue pas sur les lieux. Cela vient nous, a-t-on dit, des dispositions particulières qu'auraient prises les gouvernements Français et Anglais, parsuite desquelles, le droit perçu sur le soufre en fleur, est beaucoup plus considérable que sur le soufre brut.

IV

—

Pour pouvoir achever ce rapport et le compléter au point de vue qui nous l' a fait entreprendre. Nous a vous cherché à former un tableau des mines de la Sicile, ou plutôt des principaux centres miniers, en ajoutant quelques détails sur leur production et les gites exploités. Mais c' était là un travail trop long, pour ne pas dire impossible, et toute personne qui a voyagé quelques temps dans l'intérieur de l'île en comprendra aisément les raisons. Voici les éléments incomplèts que nous avons pu réunir, et nous croyons de notre devoir en les publiant, de nous excuser par avance sur les erreurs qui peuvent s' y rencontrer.

	PROVINCE DE GIRGENTI	Distretto	Capo Circondario	Port d'embarcation	Distance au port	Production
Alessandria	Nous ne croyons pas qu'il y ait en ce moment de mines en activitetivité. Vers 1850 commencèrent les premières recherches qui aboutirent à la déca découverte du soufre. Elles furent cependant abandounées quelques temps après, sés, soit parceque le minérai fut jugé trop pauvre (à cette époque le prix du soufresoufre n'était que de 10 à 15 tarì le cantare), soit parceque l'exploitation en ait i ait été jugée trop difficile.	Bivona	Bivona	Girgenti	20ᵐR.car.	»
Aragona	Est située à quelque distance seulement de la route royale de Palo Palerme à Girgenti. Il y a un assez grand nombre de *solfare* en activité; entr'auttr'autres celles de *Licata* et *Scarita* dans la *Contrada Vocali*, une dans la *Contradatrada Diesi*, 8 dites *Amenta* dans la *contrada S. Vincenzo*. (Di Margo, Dizionario drio della Sicilia). — Toutes ou presque toutes appartiennent au prince d'Aragonragona.	Girgenti	Grotte	Girgenti	9ᵐ R. car.	40,000 ᶜ
Bifara	Ce n'est qu'une sous-commune qui dépend de *Campobello* de Licæ Licata. Bifara est située près du lac du même nom. Dès les premières rech recherches, le soufre, fut découvert, et ces recherches prouvèrent qu'il existait etait en masses considérables sous le lac même. Mais pour pouvoir commencer l'ier l'exploitation, il faut d'abord dessécher le lac. Une *acquadotta* d'une longueungueur assez considérable fut commencée il y a quelques années par Mr. Tomaso maso Messineo au milieu de terrains peu résistants, mouvants en quelques poits points. Au moment ou cette galerie allait être achevée, et à la suite d'un orage trage très violent, tous les travaux s'éboulèrent. Il y a quelques mois à peine de nouvelles recherches furent faites faites sur une colline voisine. L'on trouva le soufre et l'on a même déjá commencé à l'xé à l'exploiter, mais le dessèchement du lac est un ouvrage auquel il faudra tdra toujours se décider plus tard, si l'on veut réussir à former une exploitation impo importante.	Girgenti	Ravanusa	Licata	8ᵐ N. car.	»
Bivona	Il n'y a pas de mine en exploitation, Vers 1834, l'on fit quelques ques recherches, et le soufre fut en effet découvert. Les travaux furent cependamendant abandonnés au bout de quelques temps, nous ne savons pour quelle rais raison.	Bivona	Bivona	»	»	»
Cammarata	Il n'y a pas de mine en exploitation. A quelques migliâ de la ville, sale, se trouve une montagne où l'on rencontre quelques affleurements de *briscale*, eile, et d'où s'échappe une source d'eau sulfureuse. Sur ces indices, Mr. Hirzel corel commença des recherches il y a quelques années. Ces travaux n'ont pas encore abre aboutis.	Bivona	Cammarata	»	»	»

	PROVINCE DE GIRGENTI	**Distretto**	**Capo** Circondario	**Port** d'embarcation	**Distance** au port	**Production**
Campobello	Il y a plusieurs mines en (en activité, entr'autres celles de *Garzia, contrada Favoretta*, appartenant au prin prince de Palagonis; celle de *La Lomia, contrada Ficazza* (Di Marzo).	Girgenti	Campo-bello	Licata	m . car.	»
Cannicatti	La mine dite de *Grotta Rosa Rossa* est assez éloignée de la ville. Elle est assez importante. On y a installé il lé il y a deux ans une machine à vapeur d'*épuise-ment*, de la force de 12 chevaux.	Girgenti	Canicati	Girgenti	22 car.	60,000 c.
Castel-ter-mini	Est traversée par la route royale de Palerme à Girgenti. Il y a un trés grand nombre de *solfare* en activité, entr'autres celle dite *Tempi di Mutta* dans le *Sito Mandracchia*; une dans la contrada *Chruddia*; une dans la contrada *Manganaro*; une dite *Montelungo* dans l'*ex-contea de Bastiglia*; une dite *S. Giovanello* dépendant du susdit comté et qui appartient au comte Lo Bue. Ces mines en général ne sont pas très importantes, si nous en exceptons celle de Mr. Lo Bue qui a fait pendant plusieurs années plus de 100,000 cantare. La masse exploitée a plus de 15 m. de puissance, et est assez régulière. Mr. Lo Bue fit faire il y a cinq ou six ans une galerie d'écoulement assez considérable, et il essaya plus tard de s'en servir comme de galerie de roulage en y installant un chemin de fer, le premier et à peu près le seul qui existe en Sicile. Malgré cette heureuse innovation, et suite inévitable d'une mauvaise exploitation et du manque de surveillance, la production loin d'être augmentée, diminua d'une manière notable par suite d'un éboulement qui détruisit une grande partie des travaux, et rendit l'exploitation difficile et périlleuse. La production est à peine aujourd'hui de 20 à 30,000 cantare, et à chaque instant se renouvellent les accidents. Il y a quelques mois, et à la suite de nous ne savons quel accident, le feu se communiqua à la mine, et ce n'est que difficilement que l'on parvint a éteindre l'incendie. Malgré toutes les précautions, l'air pénétrait dans les travaux par les fissures qui se sont formés à la surface lors des éboulements précédents. Les masses exploitées par les autres mines ont en général de 2 o 4^m, de puissance. Elles sont assez inclinées. Beaucoup de mines ont déjà été abandonnées non point par suite de la disposition du soufre, mais par suite de la cherté de l'extraction, ou de la rencontre de l'eau, qu'avec les moyens ordinaires, il devenait difficile d'épuiser.	Bivona	Bivona	Girgenti	24 car.	200,000

	PROVINCE DE GIRGENTI	Distretto	Capo Circondario	Port d'embarcation	Distance au port	Production
	Les mines se trouvent assez rapprochées de la grande route. Lte. La plus distante n'en est guère éloignée que de 3 *miglia*.					
CATTOLICA	La mine la plus importante est la solfara de *collo Rotondo*. Les. Les travaux se trouvent aujourd'hui ralentis à cause de l'eau. L'on parle de com construire une galerie d'écoulement, mais cette galerie devrait avoir au moins 1 ins 1500 mètres de longue ur, et les derniers puits d'aérage de 120 à 150 m. ce q ce qui rend un semblable travail d'une exécution difficile pour la Sicile. Il y a encore d'autres *solfare* en activité: deux dans les *contradntrade Fratta* et *Roccaperciata*; une autre dans la *contrada Piona* ou *Vizzi*. (Di Mar. Marzo). Les indices du soufre sont nombreux, et il s'écoulera peu de teJe temps avant que l'on ouvre de nouvelles mines.	Girgenti	Cattolica	Siculiana	8ᵐ. N. c.	»
CIANCIANA	Les mines en exploitation sont encore peu *importantes*.	Bivona	Bivona	Siculiana	12ᵐ. N. c.	30,000
COMITINI	C'est un des points de la Sicile les plus riches en soufre, et oùet où l'exploitation est en général la plus facile. Il existe déjà un très grand nomInombre de *solfare*, et depuis quelques années beaucoup de nouvelles recherches ones ont été exécutées qui pour la plus part ont abouties. Le soufre se trouve en men masses plus régulières qu'ailleurs. La masse la plus riche, celle qui présente le ıe le plus d'avenir est presque horizontale, et se prolonge sur une grande étendütendue ce qui a singulièrement facilité les travaux de recherches. Les principales mines en activité sont: celle de *Jamazzi* et det de *Mintina*; onze dans la *contrada Mintina*; deux dites *Mandrazzi*; 2 dites *Bali Balata Liscia*; une autre dite *Mandrazzi*; 2 dites *Crocilla*; une dite *Felicia*; deuxdeux dites *Covello stretto*, et celles de *Rametta, Sinadro, stretto, sfondato*. La . La mine dite mandrazzo peut produire annuellement 120,000 cantare productiouction qui n'est dépussée par aucune mine de la Sicile. L'on vient d'y installer tcer tout récemment une machine à vapeur de la force de 25 chevaux, servant tant à l'épuisement des eaux. Le soufre est en général de bonne qualité; le minérai est très très riche.	Girgenti	Grotte	Girgenti	12 c.	300,000
FAVARA	Les mines sont assez importantes, bien que l'eau gène beaucoup toup l'exploitation. Les principales sont. une dans la *contrada Priolo*; une autre iutre dans celle	Girgenti	Favara	Girgenti	Girgenti	30,000

PROVINCE ᴇᴇ ᴅᴇ GIRGENTI		Dɪsᴛʀᴇᴛᴛo	Cᴀᴘo Circondario	Pᴏʀᴛ d'embarcation	Dɪsᴛᴀɴᴄᴇ au port	Production
	de *Falsiretto*; deux autres dans celle ᴄelle de *Boccarossa*; deux dans celle de *Castellano*; et trois celles dite *Orlata*. (ᴅa. (Di Marzo). Toutes ces mines sont à 6 ou 7 m. dm. de la grande route.					
GɪʀGᴇɴᴛɪ	Sur le territoire même de la ville se le se trouvent plusieurs *solfare*, mais toutes assez peu importantes et produisant uant un soufre de médiocre qualité. Ces mines se trouvent dans les *contrade* de ᴄ de *Chimente, Fauma, Gibisa Finaita*. Il y en a une autre dans la *contrada Suzzôuzza*, qui ɴ'est plus en activité. Elles se trouvent toutes très rapprochées de la ᴍ la route de Palerme à Girgenti. Le port d'embarcation est le môle dɔle de Girgenti, petite ville qui se trouve à 4 m. de Girgenti.	Girgenti	Girgenti	Girgenti	4ᵐ. car.	8,000
GʀOᴛᴛᴇ	Il y a un assez grand nombre de mie mines en exploitation, mais point d'importantes, car l'on n'y a pas découvertuvert de masses un peu considérable. L'on y exploite des veinules de 2 à 3 m.	Girgenti	Grotte	Girgenti	12 ᵐ. car.	60,000
LɪᴄAᴛA	Il y a peu de mines en activité. Il e. Il en existe cependant quelques unes vers la partie nord, et l'on fait en ce momenɔment des recherches assez actives.	Girgenti	Licata	Licata	4ᵐ. N. c.	»
PALMA	La ville n'est pas précisément au beu bord de la mer ; elle en est éloignée de 2 miglia. Les mines de Palma sont appelées à ɾs à prendre une grande importance, car les gisements sont très riches, et les indicindices extérieurs abondants. Il n'y a cependant encore que 3 *solfare* en activité ɔité dans la *contrada Gibildola*, mais l'on à commencé depuis peu de nouvelles recs recherches.	Girgenti	Palma	Palma	2ᵐ. N. c.	20,000
RAGALMUTO	Les mines sont très nombreuses mes mais très anciennes et ayant perdu par conséquent une grande partie de leur ieur importance. Les principales sont : cinq dans la *contrada Tannatone* nommées oées *Scibetta, Vella, Tulumello, principe d'Aragone, messana*; elles sont éloignéeignées d'environ 4 m. de la route carossable; 2 dans la *contrada Pernice* nommômmées *Principe d'Aragone* et *Di Marco*; 5 dans la *contrada Dammuso*, nommées Sees *Savatteri, Salvo, Giancani*; distantes de 3 m. de la route; une dans la contradatrada *Viddubolo* nommées *Tulumello*; deux dans la *contrada Viccico*, les solfare *Pua Pucci* et *Bartolotta*. Ces dernières ont de l'eau en assez grande quantité (Di Marz Marzo).	Girgenti	Grotto	Girgenti	18ᵐ. car.	40,000

	PROVINCE DE GIRGENTI	Distretto	Capo' Circondario	Port d'embarcation	Distance au port	Production
	Le soufre produit est de première qualité. C'est de Regalmuto muto que l'on retire les plus beaux échantillons de strontiane sulfatée et de soufs soufre cristallisé. Il y a aussi du sel gemme en assez grande quantité, mais une sune seule mine est encore en exploitation.					
Raffadali	Il n'y a que deux mines en exploitation; elles sont encore ajre assez peu importantes.	Girgenti	Raffadali	Girgenti	9m. car.	»
Ravanusa	Il y a peu de mines en activité. Nous ne connaissons que celle celles dites *Bono* et *Conte* dans la *contrada* di *Ravanusa*, où il y a une assez graz grande quantité d'eau.	Girgenti	Ravanusa	Licata	9m. N. e.	»
Realmonte	Il y a plusieurs solfare en activité, mais elles sont peu impt importantes.	Girgenti	Siculiana	Siculiana	4m. N. e.	»
San Blasi	Il y a plusieurs mines en exploitation, aucune importante.	Bivona	Casteltermini	Girgenti	30m. N. c.	»
Siculiana	De même que Palma, la ville est à 2 m. de la mer. Nous nous ne connaissons qu'une ou deux mines en exploitation, entr'autres une dans la es la contrada solfarella. Elle est encore assez peu importante. On a entrepris deis depuis peu de nouvelles recherches.	Girgenti	Siculiana	Siculiana	9m. N. e.	15,000
	PROVINCE DE CALTANISETTE	»	»	»	»	
Aidone	Il n'y a qu'une seule mine en exploitation, la miniera *Calvinalvino*, et encore elle ne date que de quelques années. L'on a entrepris depuis quelqquelque temps de nouvelles recherches, dont nous ne connaissons pas le résultat. it.	Piazza	Aidone	Terranova	40m. N. c.	»
Barrafranca	Il n'y a qu'une mine en activité dans la *contrada Galati*, mais mais l'on entreprend en ce moment de nombreuses recherches. Les indices exes extérieurs sont très nombreux. En plusieurs points le soufre vient affleurer au soln sol.	Piazza	Barrafranca	Terranova	35 car.	»
Bonpensière	Il y a plusieurs solfare, mais qui ne sont pas pour le momenoment en activité. Elles ont été abandonnées à cause de la quantité d'eau qui gênait knait l'exploitation et depuis lors personne n'a songé à les reprendre.	Caltanissetto	Serradifalco	Girgenti	22 car.	»

	PROVINVINCE DE CALTANISETTA	DISTRETTO	CAPO Circondario	PORT d'embarcation	DISTANCE au port	Production
BUTERA	Dans la *contrada Suor Mar Marchesa* est la solfara *Magaluso* de la propriété du comte Tasca.	Terranova	Riesi	Terranova	14 N. car.	»
SAN CATALDO	Il y existe en assez grand grand nombre de mines en exploitation, toutes anciennes quelques unes importn portantes dans la *contrada de Mundrazzi*, la solfara *Stincone*; dans la *contrada Dia Dragaito*, celle de *Bosco*; dans la *contrada Nicolizia*, celle de *Apaforte*; dans dans la contrada *Carcia* celle de Villarmosa; dans la *contrada Carciulla*, celle de J de *Mangione* et de *Sottostradone*. (Di Marzo). Le sel gemme y existe en e en assez grande quantité, mais le port d'embarcation se trouve trop éloigné poué pour qu'on puisse en tirer parti.	Caltanisetta	S. Cataldo	Licata	40m car.	60,000
S. CATARINA	Les affleurements de brisca briscale existent en grande quantité. Les travaux sont assez reçents, et il n'y a quei que deux mines en activité qui ne sont pas encore très importantes.	Caltanisetta	S. Catarina	Licata	48m car.	4000
CALASCIBETTA	Il y a quatre ou cinq mines mines en activité, entr'autres celles de *S. Catarina, Pedarso*, et *Sarmentara* dans dans la contrada de *Pampinello*. (Di Marzo). Plusieurs autres ont été depuis quiis quelques temps abandonnées.	Piazza	Calascibetta	Licata et Terranova	46m N. c.	»
CALTANISETTA	Dans les environs sont un t un très grand nombre de *solfare*, mais les plus rapprochées sont à 3 ou 4 migl miglia de la ville. Ces solfare sont très riches en général, et le soufre produit duit de première qualité. Une des plus importantes est celle dite de *Trabonella, ella*, qui bien que placée sur le territoire de Caltanissetta n'est qu'à 5 m. de t. de Villaross. Les autres sont situées dans les contrade misteri, *Stretto Giffodrafpdraffi, Gessolongo, Musta, Giurfo, Gebbiarossa, Grasta, Biferia, Mendola, Tungifungio, S. Cataldo, Tubi* et *Grotta Rossa*. (Di Marzo). Les deux plus productives tives sont celles dites de *Gebbia Rossa* et de *Grotta Rossa*. Bien que situées sur lsur le territoire de Caltanissetta, elles en sont très éloignées; la première est placé placée à quelque distance seulement de Cannicati; la seconde dans les environs dess de Sommatino. Elles produisent chacune plus de 60,000 cantare. La mine dite: dite de *Trabonello produit environ* 80,000 cantare.	Caltanisetta	Caltanisetta	Licata	35m car.	270,000
CAMPOFRANCO	Il y a quelques solfare en ac en activité, mais elles ne sont pas encore très importantes.	Caltanisetta	Mussomeli	Girgenti	50 N. c.	»

	PROVINCE DE CALTANISETTA	Distretto	Capo Circondario	Port d'embarcation	Distance au port	Production
Castrogiovani	Castrogiovani (Enna) est le point central de l'île. Les solfare sont en ﬂ en grande quantité, mais toutes distantes de la ville. Les principales sont: celle celle de *Falconetto*, *La macchina*, *Lella*, *Floristello*, *Misericordia*, *Caliato*, *Scavonavone*, deux de *Zitto* (qui se trouvent pour ainsi dire enclavées dans la commune dne de Villarosa), *Torre Salerno*, *Respica*, et les deux plus reçentes dites *Pomp'ompilio* et *Cunnarela* qui ne datent que de quelques années.	Piazza	Castrogiovani	Terranova et Licata	45ᵐ. car.	»
Delia	Il n'y a qu'une mine en activité, la solfara *Speliellu*. Plusieurs ont étéit été abandonnnées à cause de la trop grande quantité d'eau. Les indices exté extérieurs sont abondants.	Caltanisetta	Sommatino	Licata	20ᵐ. N. c.	»
Mazzarino	Il n'y a qu'une mine en exploitation, dans la contrada *Ratamene*. ène. Les indices extérieurs sont aussi abondants.	Terranova	Mazzarino	Terranova	22ᵐ. N. c.	30,000
Montedoro	Il y existe plusieurs, *solfare*, mais une seule est pour le moment cent en activité. Elle se trouve placée dans la *contrada Puzza*.	Caltanisetta	Serradifalco	Licata	20ᵐ. car.	»
Piazza	Il existe deux mines en activité dites de *Grotta-calda*, qui sont pœt peut être les plus importantes de la Sicile. Elles ont produit pendant plusieurs eurs années plus de cent mille cantare, mais la production est aujourd'hui beaucceaucoup diminuée, à cause des difficultés qu'a recontrées l'exploitation. L'eau estu est en assez grande quantité, et l'on n'a pu jusqu'ici trouver un moyen suffisant dant d'épuisement. Le minérai est d'une richesse extraordinaire; l'on rencontre entre dans la mine des blocs énormes de soufre natif sans aucun mélange. Ces min mines appartiennes à Mr. le prince de Santa Elia.	Piazza	Piazza	Terranova	34ᵐ. N. c.	60,000
Riesi	Il n'y a qu'une seule mine en activité, séparée de celles de Sommat'nmatino par le fleuve *Salso*, la *solfara* de *Riesi-fiume*. Elle est d'une richesse extu extraordinaire, et le minérai d'un grand rendement, mais la proximité du fleu fleuve en a rendu l'exploitation si difficile qu'elle n'a pu encore donner de bénéficeméfices, bien qu'il y ait plus d'un siècle qu'ont commencés les travaux. Les travaux soux sont aujourd'hui à un niveau inférieur au fleuve, de sorte qu'il faudrait une asse assez forte machine pour épuiser les eaux qui y pénètrent par infiltration. Il y a y a en effet une machine à vapeur, mais elle n'est pas d'une force nécessaire. Il y Il y a à peu près un an, la mine fut envahie subitement qar les eaux du fleuve; uve; ce qui	Terranova	Riesi	Licata	15ᵐ. N. c.	26,000

	PROVINCINCE DE CALTANISETTE	Distretto	Capo Circondario	Port d'embarcation	Distance au port	Production
	amena l'éboulement de presqueesque tous les travaux. Depuis lors ils n'ont pas encore été repris. Sans ces diffi· difficultés qui se sont jusqu'ici opposées au diveloppement de l'exploitation, lion, la mine de *Riesi-flume* serait certainement aujourd'hui une des plus *importantirtantes de la Sicile*.					
Serradifalco	La mine la plus importante ante est celle dite *Martino* qui se trouve dans la contrada *Babione*. (Di Marzo). o).	Caltanisetta.	Serradifalco	Licata	33ᵐ. car.	100,000
Sommatino	Les mines proprement dites dites de Sommatino sont la *miniera Grande* et la *solfarella* qui sont peut être les p les plus anciennes *solfare* de la Sicile. Ces deux mines exploitent 3 fit 3 filons isolés. Ces filons ont 2 m. de puissance, sont à peu près parallèles et so et sont séparés par un mètre de *calcaire*. Leurs inclinaisons est d' environ 45°. 45°. L'exploitation a été rendue jusce jusqu'ici difficile et coûteuse par l'épuisoment des eaux. Il y a dans lu *miniera Gra Grande*, trojs machines à vapeur qui ne servent qu'à l'épuisement, mais ces 3 m. 3 machines ne représentent pas en tout une force de 12 chevaux. La mine fut incet incendiée il y a 6 ans environ, et l'on n'a pu encore éteindre complètement l'ince l'incendie, mais cet accident fut loin d'être défavorable aux propriétaires, comme mme nous allons l'expliquer: On a por des muraillements ients assez forts cerné toute la partie incendiée, de manière, à diminuer autant quit que possible l' aérage. Une grande partie du soufre en fusion n'a pu ainsi se si se volatiliser, et s' est solidifié. Le feu s'éloigne peu à peu, la muraille se refroidefroidit, on l'éboule pour en construire une autre plus en avant, et l'on n'a plus qolus qu'à retirer de la mine la masse de soufre fondue. Ce soufre appelé *pezzame* nme ne subit aucun traitement. Il est dirigé immédiatement sur Licata. La mine pine produit par an 6 à 7000 cantare de pezzame. Les frais d'exploitation ne s'élève'élèvent qu'à 2 tari le cantare. Il n'y a pas de machine inste installée à la *solfarella*. Les propriétaires viennent en fin de se décider à com commencer le percement d'une galerie d'écoulement d'a peu prés 850 m. de long longueur. Cette galerie passera sous la mine à un niveau de 40 m. au dessous deus des travaux actuels. Elle servira en même temps de galerie de roulage. La dépensépense ne sera pas aussi énorme qu'il semblerait au premier abord, car selon toon toutes les probabilités une grande partie sera percée au milieu même de la maa masse sulfifère. C'était d'ailleurs la seule ressource qui restát aux exploitants.tanis. Ils ne pouvaient songer à installer une autre	Caltanisetta	Serradifalco	Licata	18ᵐ car.	180,000

	PROVINCE DE CALTANISETTE	Distretto	Capo Circondario	Port d'embarcation	Distance au port	Production
	machine d'épuisement, à cause des difficultés inouïes qu'ils auraient eû à eû à surmonter pour transporter jusqu' à Sommatino les pièces divisées d' une une forte machine. Il n'y a aucune route carossable, et quand l'on fit venir de Par> Paris les faibles machines qui fonctionnent en ce moment, le transport seul de Ldc Licata à la mine a coûté plus cher que celui de Paris à Licata. La distance n'es n'est cependant que 18 m. (24 Kil.), et elles avait eû à traverser toute la Fran France et une grande partie de la Méditerranée. Pour le transport d' une seule cule chaudière ou a payé 150. onze (1800 fr.)! Ces deux mines sont à 4 m. de Sommatino. Plus près de la ville sont sont placées les *solfare* dites *Grotille* et *Gallitana* qui pourraient produire la pren première 10,000, la seconde 30000 cantare. Dans l'exploitation de ces mines, les, les mêmes difficultés se rencontrent toujours, et bien que le minérai soit très très riche, elles n' arriveront jamais à une grande importance si les propriétaires res ne se décident à faire les dépenses nécessaires pour l'épuisement des eaux. Dans la mine *Grottille*, on vient de construire une galerie d'écoulemulement, mais soit mauvaise direction, soit qu' elle se trouve à un niveau, trop élop élevé, elle ne donne par de bons résultats. Tout le soufre produit par ces mines est transporté à Licata. La route oute n'est Carossable qu'à partir de *Campobello*, jusque là le transport se fait à doà dos de mulets.					
Sutera	Il y a dans la contrada *Cimicia*, six solfare en activité celles de *Coz Cozzotondo, Grottanera, Giona, Cinquegrani, Pietra bianca*. Plusieurs de cess ces mines sont assez importantes. (Di Marzo).	Caltanisetta	Mussomeli	Girgenti	26m. N. c.	»
Villarosa	Le territoire de Villarosa est très riche en soufre. Les principales mes mines sont: celle dite *Lagana* dans la *Contrada sotto di Caldaïa*, celles de Flc *Raibi* dans la *contrada Agnelleria*, celle de *Gaspa* dans la *contrada Gaspa-la-ic-la-torre*. Une grande partie de ces mines appartiennent à la duchesse de Villarosa. osa. Les gisements du soufre sont presque toujours des filons dont la puisspuissance ne dépasse guère en général 2 ou 3 m. Ils sont assez réguliers et peu. peu inclinés. L'exploitation est en général rendue facile par la rareté de l'eaul' eau. Le mihérai est très riche. Il produit 12 ou 14 cantare par cassa (cassa de i de Villarosa). Le soufre est de qualité assez médiocre. Il est presque tout taxé taxé *seconda buona*.	Piazza	Calascibetta	Licata	43m. N. c.	250,000

	PROVINC'INCE DE CATANE	Distretto	Capo Circondario	Port d'embarcation	Distance au port	Production
Aderno	Il n'y a encore qu'une seule mim mine en activité, qui date d'environ quarante ans. Aderno est traversée par la rouh route royale de Palerme à Cotare (Di Marzo).	Catane	Aderno	Catane	24ᵐ. car.	»
Assoro	Les mines sont encore peu impor importantes. Il y en a une dans la contrada de *Livodi*, deux dans la *contrada* di P di *Pozzo*, une dans cello do *Limbalio*. L'eau est en grande quantité. Les mines sues sont toutes assez près de la route carossable. (Di Marzo).	Nicosia	Leonforte	Catane	50ᵐ. car.	»
Catena-nuova	Aux deux extrémités du pays, mis, mais à une assez grande distance se trouvent 2 solfare dont l'une porte le n le nom de *Scudelia*. Ces mines sont peu importantes.	Nicosia	Centorbi	Catane	42ᵐ. car.	»
Centorbi	Il y n deux mines dans les *contraontrade* de *Marmora* et de *Muglia*, et qui portent le même nom; une autre dans Hans la *contrada Pietralonga*. nommée *Chieffi*. L'exploitation de ces mines est asse assez difficile à cause de l'eau ; elles sont encore peu importantes.	Nicosia	Centorbi	Catane	36ᵐ. car.	»
Cerami	Il y a quelques mines en activité, vité, mais peu importantes. La moitié du transport de Ceramu à Catane se fait à dos à dos de mulets.	Nicosia	Troina	Catane	48ᵐ. car.	»
San Filipo (d'Argirò)	Il y a un certain nombre de mine mines en activité, mais toutes peu importantes. Il'y a 2 *solfare* dans la *contradatrada Modica*, nommées *Serra della campana*; une autre dans la *contrade colla*; néa; nommée *Mangiagrilli*, aujourd'hui abandonnée; et deux autres, l'une dite *Bâte Bianco*, l'autre *Campana* aussi abandonnée. (Di Marzo.). Toutes ces mines sont éloignées dées de 2 a 3 m. de la route carossable. Le soufre produit est de médiocre qualité qualité.	Nicosia	S. Filipo	Catane	50ᵐ. ear.	»
Nicosia	Il n'y a pas de mine en activité drité dans le territoire de *Nicosia*, mais les affleurements de *briscale* y sont nombrombreux, et il y a aussi plusieurs sources d'eau *minlima* Dans le territoire de Nicosia se i se trouvent aussi des filons de cuivre non exploités (pyrites); du charbon de terle terre et du sel gemme en grande abondance.	Nicosia	Nicosia	»	»	»
Piedimonte	Il y existe quelques mines en exploexploitation, mais encore peu importantes. Elles font partie de l'héritage du princorince de Palagonia.	Acireale	Lingua-grossa	Catane	24ᵐ car.	»
Rammacca	Il s'y trouve 5 *solfare* en activité: vité: deux nommées *Portella* et *Mentina*, deux autres appelées *solfare vecchie*; un; une appelée *S. Niccolò*, une autre aussi nommée. S. Nicolo, dans la *contradatrada mentina Grande*. Partout l'eau se trouve en très grande quantité et rend l'expl'exploitation difficile.	Caltagirone	Rammacca	Catane	40ᵐ N. c.	»

	PROVINCE DE PALERMO	Distretto	Capo Circondario	Port d'embarcation	Distance au port	Production
Lercara	Les mines de Lercara sont les seules que possède la province de : de Palerme. Nous avons donné plus haut le nom de ces mines et leur production. tion. Lercara est traversé par la *route royale de* Palermo à Girgenti. i.	Termini	Lercara	Palermo	42ᵐ. car.	200,000
Villafrata	Des travaux de recherches ont été faits dans ces dernières annéannées et ont abouti à la découverte du soufre, mais probablement à cause de lade la pauvreté du minérai, ces travaux ont été abandonnés.	Termini	Mezzoiuso	»	»	»
	PROVINCE DE TRAPANI	»	»	»	»	»
Salaparuta	Il n'y a encore qu'une seule mine en exploitation. Le filon exploexploité a de 1ᵐ, 50 a 2ᵐ, 50 de puissance et est assez régulier. Il est presquesque vertical, desorte que les travaux sont arrivés assez rapidement au niveau eau de l'eau. Ils furent alors arrêtés et le sont encore en ce moment. L'on a tenté enté de construire une galerie d'épuisement, mais fuite à un niveau trop superimperficiel, elle n'est plus aujourd'hui d'aucune utilité. Il serait d'ailleurs difficile et le et par conséquent trop dispendieux d'en commencer une plus profonde, à causcause du peu d'inclinaison des terrains. Le transport se fait à dos de mulets. L'on paye à raison de 6de 6 tari par cantare. A côté de la mine dont nous venons de parler, s'est découvert vert dernièrement un filon de 1ᵐ, 50 à 2ᵐ, de puissance, d'inclinaison à peu près près semblable à celui déjà exploité. Le minérai semble beaucoup plus riche. che. Les travaux d'exploitation n'ont pas encore commencés.	Alcamo	Gibellina	Castella-mare	26ᵐ. N. c.	2000
Gibellina	Gibellina est à 2 m. environ de Salaparuta. Il y existe une minemine actuellement en activité dont la production est d'environ 4 à 5000 cantacantare. Cette mine exploite un filon de 2ᵐ, 50 à 2ᵐ, de puissance ; de 45° d'ind'inclinaison. — Il est probable que les travaux ne tarderont pas non plus a être être interrompus, car ils sont presqu'arrivés au niveau de l'eau, et l'on a pour pour faire une galerie d'écoulement, les mêmes difficultés. Gibellina est séparée de Salaparuta par une série de collines terti tertiaires sur lesquelles l'on rencontre à chaque pas les indices de la présence dnce du soufre. Jusqu'ici cependant aucune recherche n'a été faite.	Alcamo	Gibellina	Castella-mare	25ᵐ car.	5000
	PROVINCE DE MESSINA	»	»	»	»	»
Francavilla	Il n'y a pas de mines en activité, mais de nombreux indices. La diLa distance de Francivella à Messine est de 44 m. mais elle n'est distante de la mer quer que de 8 m. Sur le territoire de Francavilla, l'on a trouvé des traces de minéminérai d'*argent*, de *cuivre*, de *plomb*, d'*antimoine* et de *fer spathique*. (Di MarzMarzo).	Castroreale	Francavil-la	»	»	»

Exportation comparée du sou! soufre pendant les années 1859, 1858, 1857, 1856, 1855.

	1r SEMESTRE 1859	RE	2me SEMESTRE 1859	1859 TOTALE	1858 TOTALE	1857 TOTALE	1856 TOTALE	1855 TOTALE
Grande Bretagne . .	501,174	4	358,040	859,214	857,510	767,704	868,968	698,178
Autriche	7020	0	10,380	17,409	12,800	8904	21,415	13,512
Belgique	6250	0	5440	9690	18,935	9280	15,057	11,264
Danemarque . .	5449	9	4885	10,334	5476	9150	———	———
France { Nord. . .	100,324	4	124,092	224,415	200,087	161,333	282,440	165,665
France { Sud . . .	247,629	9	272,558	520,187	265,613	572,998	589,455	205,442
Allemagne. . . .	34,594	4	22,775	57,169	77,600	29,390	54,956	63,506
Grèce.	15,170	0	300	15,470	21,990	11,912	30,898	2000
Iles Ioniennes . .	7858	8	5000	12,858	6573	1550	4854	1900
Malte	400	0	1200	1600	1808	3257	2015	3594
Naples et continent des deux Siciles .	78,986	6	27,370	106,336	69,736	37,647	26,114	9462
Norvège.	600	0	3530	4136	37,154	9230	———	3000
Hollande . . .	60,710	0	60,710	85,177	70,196	72,085	62,572	63,571
Portugal . . .	———		———	———	4692	2200	2500	———
Prusse	18,464	4	6230	24,694	21,189	10,252	6315	———
Russie	25,928	8	21,622	37,550	8284	29,496	51,840	———
Sardaigne. . . .	6836	6	5758	12,594	11,025	2646	5554	3857
Espagne . . .	3742	2	3100	6842	———	———	———	———
Suède.	5250	0	500	5550	———	———	———	———
Toscane. . . .	3450	0	6360	9810	7722	7810	2279	3200
Turquie	550	0	975	1525	1717	———	5584	———
Amer. (Etats Unis . .	94,623	23	58,872	153,504	130,068	100,450	96,814	35,464
C.	1,124,822	122	951,254	2,176,076	1,809,905	1,846,972	1,927,851	1,512,03

Nota. — Ce tableau est tiré de la « *Circolavcolare d' informazioni circolari* » qui se publie à Palerme.

Exportation approximative des divers ports
d' embarcation.

Girgenti	1,000,000
Licata	500,000
Terranova	150,000
Catane	250,000
Palerme	200,000
·Palme.	15,000
Siculiana	20,000

Q. 2,135,000

Des renseignements précédents, nous pouvons facilement calculer la production exacte de 1859.

1°. Il faut d'abord tenir compte de la différence des quantités de soufre (stocks), existant dans les dépôts; au 1^r janvier 60 et au 1^r janvier 59.

Au 1^r janvrier 60, cette quantité était de 456,600 C. et était répartie :

Mole de Girgenti . .	296,400
Licata	96,000
Terranova.	14,000
Catane.	35,000
Palme	5600
Siculiana	5400
Palerme	5000
Messine	3600

Q. 456,600

8*

100

En janvier 59, elle était de Q. 565,050.

Si donc à l'exportation générale 2,135,000, nous ajoutons le soufre existant déjà au 1ᵣ janvier 60, nous arrivons à un total de 2,594,600.

Auquel nous devons encore ajouter la quantité de soufre consommée dans l'île, et qui est d'environ 60,000 Q, et retrancher le soufre existant dans les dépôts au 1ᵣ janvier 59.

Nous arrivons allors à un résultat de 2,086,550 Q. qui donne la production réelle.

En calculant la valeur aux prix ordinaires, par ex: à 25 tarì ou 28 tarì, on arrive environ à une somme de 2 millions d'*onze*, c'est-à-dire à peu près un million de livres sterling, soit 25 millions de francs.

En résumant les différentes parties de notre rapport, et les réflexions dont nous les avons fait suivre, l'on voit que ce qui manque surtout, pour que les mines arrivent à un entier développement, c'est: 1° *Une direction régulière;* 2° *des moyens faciles et économiques de transport.*

Sans avoir le moins du monde la prétention de vouloir faire ici un cours d'exploitation, il nous a paru utile dans un pays, où il n'existe pas encore une seule école d'application, de faire une étude abrégée sur l'application des méthodes ordinaires, aux gîtes particuliers de la Sicile, et de mettre en comparaison, sous les yeux du lecteur, les prix de revient actuels avec ceux d'une exploitation régulière et d'un transport par voie ferrée.

Principes généraux d'exploitation.

———

On appelle *couche* une masse ayant le toit et le mur sensiblement parallèles et se prologeant dans tous les sens sur une longueur que l'on suppose indéfinie en conservant toujours une direction régulière.

Le *toit* d'une couche ou d'un filon est la partie qui la recouvre inmédiatement.

Le *mur* d'une couche ou d'un filon est la partie opposée au toit.

Un *filon* est une masse de forme applatie, très étendue en longueur, qui dans les terrains anciens traverse toutes les couches en conservant toujours sa forme.

Une *veine* est une masse allongée de forme moins régulière que le *filon*, et qui est droite ou contournée. Dans un même pays, la direction des filons de même nature, est sensiblement la même. Les *veines* au contraire peuvent se couper et s' entre croiser.

Les *masses* sont des amas irréguliers qui se trouvent renfermés dans divers terrains. Les masses sont limitées dans tous les sens.

La *direction* d'une couche est celle d'une ligne horizontale tracée dans le plan de la couche ou du filon.

L'*inclinaison* d'une couche ou d'un filon, est l'angle que fait le plan de la couche avec l'horizon.

Toutes les méthodes d'exploitation quelqu' elles soient doivent satisfaire aux trois conditions suivantes:

1° Un bon *amménagement* du gîte, auquel on arrive par la régularité même de la méthode.

2° Un bon *aérage*, auquel on arrive, en disposant les travaux de manière à ce que l'air puisse les parcourir facilement, et qu'il y ait en un mot, un courant établi dans toutes les galeries. Ce but est atteint soit *naturellement*, en plaçant des portes dites d'aérage qui diminuent l'entrée de l'air dans certaines galeries pour le forcer à entrer dans d'autres; soit *artificiellement* par des *foyers d'aérage*, des *cheminées*, ou des *Ventilateurs*.

Quand la mine n'a qu'une issue, alors l'aérage devient plus difficile. Il faut diviser le puits ou la galerie en deux compartiments par une cloison, ou bien disposer contre les parois une caisse en bois ou des conduits d'un assez fort diamètre. La question de l'aérage est peu comme en Sicile. Elle est cependant importante, car combien de travaux abandonnés pour y avoir laissé developper l'acide carbonique (agro) ou le *rinchiuso* qui n'est autre chose qu'un manque d'air! La formation de l'acide carbonique est duè surtout à la respiration des ouvriers et à la combustion des lampes; avec un tirage actif, on évite un semblable danger.

3° Un *écoulement* facile aux eaux, en disposant les travaux de manière a ce qu'ils aient tous une légère inclinaison vers le fonds du puits ou l'entrée de la galerie.

Les moyens d'épuisement sont de plusieurs sortes: 1° *Galeries d'écoulement*; 2° *puits perdus*; 3° *communications avec d'anciens travaux*; 4° *machines à vapeur d'épuisement*.

Posons en principe qu'une galerie d'écoulement doit toujours être préferée en Sicile à l'établissement d'une machine à vapeur. Toutes les fois qu'elle est praticable, même quand sa construction nécessiterait une dépense comparativement très forte. Avec un *acquadotta*, l'épuisement est plus régulier. L'on n'a point, comme avec les machines, des dépenses journalières d'entretien, et l'on n'a point à rédouter ces arrêts nombreux pour réparations des machines ou changements, qui sont si préjudiciables à la marche des travaux. Une galerie d'écoulement doit toujours être disposée de manière à pouvoir servir au besoin de galerie d'aérage et d'extraction, c'est-à-dire que ces dimensions doivent être au moins:

hauteur $= 2^m$, largeur au sol $= 1^m, 50$. largeur au toit $= 1^m$.

Elle doit être au niveau le plus bas possible, et cependant la plus courte possible.

Elle doit être, autant que faire se peut, en ligne droite. Cependant dans certains cas, on peut s'éloigner de cette règle, quand par exemple, en la déviant, on évite certains obstacles, et l'on rend plus facile l'approfondissement des puits d'aérage.

Elle doit être en général dirigée perpendiculairement à la direction du filon ou de la couche.

La pente doit être de 3 à 5 millimètres par mètre.

***

Principes généraux sur les recherches des mines. — Les travaux de recherche peuvent être faits de 3 manières : 1° par *tranchées ouvertes*; 2° *par puits ou galeries*; 3° *par sondages*.

1° Tranchées ouvertes. — On peut exécuter des tranchées ouvertes aux affleurements des couches, quand ces couches sont déjà un peu connues dans d'autres parties. En aucun cas, elles ne conviennent en Sicile. Nous n'avons donc pas à nous arrêter sur la manière dont elles doivent être conduites.

2° Par puits ou galeries. — Les puits sont les

meilleurs moyens de recherche en pays de plaine, quand surtout le filon ou la couche ne vient pas affleurer, ou bien encore quand il y a dans les environs une mine en activité, ce qui a pu permettre d'examiner les allures du gisement et la nature des terrains.

Les *galeries horizontale*, sont pour la Sicile, et dans tous les cas où elles sont praticables le moyen de recherche le plus convenable, et le plus économique. Les gisements se trouvent presque toujours au centre de collines élevées, qui renferment de l'eau en assez grande abondance. L'approfondissement d'un puits serait donc trop couteux pour un simple travail de recherche. Quand le filon vient affleurer, ia galerie doit être d'*allongement*, c'est-à-dire pratiquée suivant la direction du filon, et dans le filon même autant que possible. Si l'on a à faire une masse ou à un filon parallèle à la pente d'une montagne, ou dont les affleurements soient à la crète de la montagne, il est mieux de creuser une galerie dite *transversale* perpendiculaire, ou à peu près, à la direction du gîte. Une fois la masse ou le filon atteint, il conviendra de la continuer pour en connaître la puissance, en commençent de distance en distance, des galeries perpendiculaires, parallèles par conséquent à la direction plus ou moins régulière de la masse, et qui servent à en faire connaitre les accidents. Ces galeries sont alors dites *galeries de reconnaissance*.

Dans quelques cas particuliers, quand par exemple le filon vient affleurer au pied d'une colline, il convient de commencer les travaux par nne *Scala* (puits incliné). Mais alors ce n'est plus une recherche que l'on a à faire. C'est une reconnaissance. D'ailleurs un semblable travail doit être réjeté toutes les fois que par de travaux déjà exécutés dans les environs, l'on peut douter d'obstacles trop difficiles et surtout de la rencontre de l'eau.

3° Sondages. — L'irrégularité des gisements de soufre rend difficiles les recherches faciles au moyen du sondage, dans un pays surtout où l'art du sondeur est inconnu, et où l'on hésite à faire venir du dehors, des hommes pratiques. Un résultat isolé est peu concluant. Il faut au moins 6 à 7 trous de s onde successifs pour bien connaitre un terrain, et alors les frais s'élèvent si haut, qu'il vaut presque autant, dans la pluspart des cas, creuser une galerie horizontale de recherche. Un sondage est cependant nécessaire et doit être préferé à tout autre travail, dans les cas suivants:

1° Quand un gite est déjà reconnu et exploité, et que l'on veut connaitre son étendue, avant de commencer quelque travail important.

2° Quand on veut, par exemple, creuser nn puits et que l'on veut s'assurer auparavant des terrains que l'on aura à traverser, et des obstacles que l'on aura à surmonter.

3° Pour faire communiquer les travaux d'une mine à une galerie d'épuisement qui peut passer à un niveau inférieur, et les débarrasser de l'eau qui les encombre.

4° Dans la construction des acquadotte (galeries d'épuisement). Si les puits d'aérage arrivés à une profondeur quelconque rencontrent des obstacles tels que l'approfondissement devienne trop couteux, l'on peut continuer la galerie jusque sous le puits, et former au fonds un vide assez grand pour que l'on puisse y établir une sonde. L'on pourra ainsi, par un trou de sonde, faire écouler les eaux et continuer le puits.

5° Dans l'intérieur des mines, pour s'assurer de la puissance réelle des gisements ; réjeter l'eau d'une partie exploitée dans d'anciens travaux déjà abandonnés; faciliter l'aérage.

406

Exploitation. — Les gisements du soufre sont: des *masses* puissantes de 6 a 15ᵐ, et même plus, comme à Lercara, Commitine, Grottacaldo; des *poches* séparées les unes des autres ; des *veines* de 2 à 3 m. de puissance et de toute inclinaison ; assez souvent enfin des *filons* d' égale puissance.

1° Exploitation des amas. — Pour arriver à exploiter les masses d'une manière régulière, et sans pertes trop sensibles , il faudrait absolument employer une méthode par *remblai*. Le remblayage est une chose inconnue en Sicile. Il consiste à remplacer les vides formés par l'exploitation, par des matières stériles prises , soit dans l'intérieur des mines et provenant du tirage du minérai ou du creusement des galeries de recherches *(tentative)* ; soit dans des chambres d'éboulement préparées dans ce but; soit enfin au dehors. Cela serait, ce nous semble , assez difficile dans la situation actuelle des mines de la Sicile , et avant que cette méthode soit définitivement adoptée, bien des essais malheureux auront été tentés. Aussi, après avoir décrit la méthode dite *en travers*, la seule rationnelle pour l'exploitation de masses puissantes, nous dirons en quelques mots, quelles sont les modifications que l'on pourrait apporter à la méthode actuellement suivie, c'est-à-dire la méthode par piliers abandonnés, pour la rendre un peu moins barbare, et un peu moins funeste dans ses résultats.

1° Méthode en travers. — Elle consiste , une fois le gite atteint par un puits ou une galerie de recherchee , a percer une galerie d' allongement suivant la direction du gîte, galerie que l'on pratiquera au toit ou au mur selon les circonstances, mais de préférance au toit , et à ouvrir des galeries perpendiculaires allant par conséquent du toit au mur.

Soit par exemple le gite **A B** (fig. (1) (Pl. (2)), déjà reconnu et atteint je suppose au moyen du puits **P**. (Le puits **P** doit être approfondi soit jusqu'aux limites inférieures de la masse, soit au niveau le plus bas où l'on puisse exploiter sans que les frais ne s'élèvent trop haut). On commence la galerie **C D** horizontale, au toit de la masse, et en suivant les principales irrégularités. Quand cette galerie est avancée d'une centaine de mètres, et sans avoir à attendre qu'elle soit terminée, l'on peut commencer l'exploitation du premier étage. Tous les 6 ou 9 mêtres, l'on trace des galeries perpendiculaires **g g' g''**, ayant 2^m, de hauteur, et 2 a 3 mètres de largeur suivant la résistance de la gangue, et la facilité que l'on a de soutenir ces excavations avec économie. Ces galeries doivent être continuées, jusqu'au toit **T** de la masse. Une fois terminés on les *remblaie*. Pendant ce travail, l'on commence de nouvelles galeries **n, n', n''** intermédiaires entre les premières, et étant par conséquent aussi distantes de 6 a 9 m. Celles-ci achevées, l'on en creuse d'autres **m m'**, puis d'autres **p, p'**, jusqu'à entière exploitation de l'étage.

Le roulage se fera naturellement par la galerie **C D** qui est ce que l'on appelle *galerie principale de roulage*, et où l'on installera un petit chemin de fer ayant une légère pente vers le fonds de puits.

Si dans les amas se trouvent des masses stériles considérables, ces masses sont laissées pour plus d'économie et de solidité. Il sera bon cependant de les traverser par une petite galerie de reconnaissance pour voir si l'amas continue encore de l'autre côté.

Dans cette méthode, l'on doit toujours procéder par étages pris en remontant, c'est-à-dire que l'étage inférieur étant exploité, l'on attaquera l'étage immédiatement supé-

108

rieur, et ainsi de suite. La raison en est simple, puisque
l'on va par remblai. Cela offre surtout un très grand avantage, c'est que la roche ayant déjà la partie inférieure dégagée, l'attaque en sera beaucoup plus facile dans l'étage
supérieur. Quand on passe d'un étage à un autre, le remblai s'est naturellement tassé, l'amas ne repose plus sur
rien, et cela simplifie encore le travail.

2° Méthode par massifs abandonnés. —
Les seules améliorations que l'on puisse réaliser en conservant cette méthode, c'est une activité plus rapide dans
les travaux, et une certaine régularité qui permettra de réformer la méthode d'extraction.

La galerie **A B fig. (3) (Pl. (2)** une fois achevée,
l'on découpe la masse en grands piliers **A, B, C, D,** etc.
par des galeries horizontales allant du toit au mur, et des
galeries **a, a,' a''** perpendiculaires aux premières. Il n'est
point nécessaire, pour commencer l'exploitation proprement
ment dite, d'attendre que tout un étage soit découpé. Quand
2 ou 3 piliers sont préparés, on peut de suite les attaquer, tout en continuant les travaux de préparation. Les
petits piliers (colonne) abandonnés sont disposés de la manière la plus régulière possible. Nous ne pouvons donner
ici des règles générales sur les dimensions à leur donner,
ainsi qu'aux vides qui les séparent, cela varie évidemment
d'une mine à l'autre, suivant la nature de la gangue. Le
plus souvent on dispose les *colonne* en échiquier.

Les galeries **b, b', b''** n'ont pas naturellement besoin d'être aussi régulières que nous avons cru devoir les
réprésenter pour la clarté du dessin. Si l'on rencontre par
exemple, des parties stériles, elles peuvent contourner
les massifs, pourvu toutefois que le massif stérile ait déjà
été réconnu par une autre galerie, car si ce massif n'est

pas d'une grande étendue, il convient mieux de le traverser, même au prix de quelques dépenses de plus.

A B sera toujours la galerie de roulage principale. Si la largeur de la masse est très grande , l'on pourra établir des voies latérales **g** , **g'**, distantes de 100 en 100 m. Le transport des galeries secondaires aux voies ferrées se fera avec des brouettes.

Un étage devra être séparé de l'autre par un massif d'au moins 5 ou 6^m.

Un étage complètement exploités , et pendant que l'on commence la préparation du second , l'on peut toujours chercher à enlever le plus grand nombre de *colonne* , en commençant par les plus éloignées de la voie principale de roulage, et en s'en rapprochant de plus en plus.

La méthode par piliers abandonnés a le seul avantage de pouvoir exploiter par étages pris en descendant, c'est-à-dire de permettre aux propriétaires de faire un bénéfice immédiat sans avoir à approfondir beaucoup le puits d'extraction; en un mot de diminuer les dépenses.

3° Exploitation des filons peu inclinés de 2 a 3 m. de puissance. — La méthode précédente sera alors beaucoup plus convenable et présentera bien moins d'inconvénients.

La galerie principale doit être placée au niveau le plus bas possible pour faciliter le transport. Si l'inclinaison est cependant trop forte pour diriger les galeries perpendiculaire dites de *préparation,* suivant l'inclinaison, l'on pourra établir un plan incliné central , en racheter la différence de niveau par des cheminées inclinées qui serviront à faire passer le minérai d'un étage à un autre.

Toutes les galeries creusées dans le gite, devront avoir autant que possible pour hauteur la puissance même du gite.

110

4° Exploitation des filons inclinés de 45 a 80°. — La seule méthode à employer est celle dite par *gradins*, ou *droits* ou *renversés*. En Sicile, la méthode par *gradins renversés est* préférable, car celle par *gradins droits* donnerait des frais de boisage trop excessifs. Nous allons cependant les décrire toutes deux, car celle par *gradins droits*, est quelquefois préférable, quand l'inclinaison du gîte est peu forte.

1° Méthode par gradins droits. — Son avantage est de permettre de commencer de suite l'exploitation, sans les dépenses de travaux préparatoires.

Le filon une fois reconnu, on commence à l'abattre en disposant le travail par gradins. Les fronts de taille sont divisés en plusieurs parties et tous en retrait les uns sur les autres, c'est-à-dire que pendant que quelques ouvriers approfondissent, d'autres travaillent latéralement. Les gradins doivent être perpendiculaires à la direction.

A mesure que les travaux s'approfondissent, le puits d'extraction doit être aussi creusé. Pour le roulage, l'on réserve au milieu des remblais des petites galeries de roulage, horizontales. Le minérai est descendu de gradins en gradins, ou au moyen de cheminées, jusqu'à ces galeries. Les déblais provenant des gangues ou des *remblais* sont accumulés sur des charpentes que l'on assujetit, en faisant des entaques dans le toit et le mur. Ces charpentes sont séparés de 2 en 2 m, juste la place nécessaire pour la commodité du travail.

La **fig. (5) Pl. (2)**, où l'on suppose déjà l'exploitation avancée, fera mieux comprendre comment l'exploitation est disposée.

2° Méthode par gradins renversés. — Elle diminue de beaucoup les frais de boisage, mais demande des travaux préparatoires plus longs. — L' on commence l'exploitation par la partie inférieure du gîte, et les fronts de taille sont aussi en retrait les uns sur les autres, seulement ici les gradins sont naturellement renversés. Les fronts de taille sont disposés parallèlement à l'inclinaisons ou suivant une ligne moyenne à la direction et à l'inclinaison. Les ouvriers s'avancent ainsi en s'élèvant à mesure sur le remblai. Le travail est rendu plus facile que dans la méthode précédente, car par la disposition des gradins, la roche ayant libre sa face inférieure, tend à s'ébouler.

La **fig. 1. Pl. 3** donne la disposition du travail.

L'on réserve toujours tous les 10 ou 12 mètres, des galeries de roulage, boisées solidement. C'est là la seule dépense de boisage nécessaires.

En général, avant de commencer l'exploitation, l'on divise le filon en *massifs longs*. L'on creuse par exemple des puits distants de 100 m, et on les relie par des galeries d'allongement. Ceci fait, on commence a attaquer à la fois 5 ou 6 piliers.

Boisage des galeries et des puits.

Le boisage est une question inconnue en Sicile. Dans les quelques cas assez rares où nous avons pu essayer de soutenir de cette manière les excavations, l'on faisait une dépense énorme de bois sans pour cela arriver le moins du monde à la solidité cherchée. Quelques détails sur la manière de disposer le boisage ne seront donc point ici de-placés.

1° Galeries. — Il faut distinguer plusieurs cas.

Si le toit seul de la galerie est mauvais, on se contente de placer de distance en distance des pièces horizontales que l'on fait tenir en pratiquant des entaques sur les parois de la galerie. Par dessus l'on dispose de *rondins* pièces ayant quelquefois la section d'un demi cercle, en ayant grand soin que la face plane soit toujours tournée contre le terrain. (**Fig. 2. Pl. 3.**)

Si l'un des côtés de la galerie est aussi mauvais, on ajoute un montant vertical que l'on réunit au premier de la façon marquée dans la **fig. (3) Pl. (3)**.

Si l'on a à soutenir a la fois le toit et les deux côtés, alors la galerie boisée aura la forme représentée par la **fig. (4) Pl. (3)**; moins la pièce horizontale qui réunit au sol les deux montants latéraux c'est-à-dire que la largeur au sol doit être plus grande que celle au toit. Le rapport de ces 2 largeurs est environ $3/4$. La pièce supérieure s'ap-

pelle *chapeau*. Elle doit être assemblée aux montants latéraux, et la grandeur de l'entaille dépend de la pression
des terrains. Si la pression latérale est sensiblement égale
à la pression supérieure, l'entaille doit être faite *a mi largeur*, la hauteur **AB = CD**. La largeur **DA = BF**. Si
la pression supérieure l'emporte, **A B** diminue pour ne
pas trop affaiblir le chapeau. (**Fig. 5 Pl. 5**. Si au contraire, c'est la pression latérale qui est la plus forte, l'entaille faite sur le montant sera presque nul, et l'on aura le
profil **fig. (6) Pl. (3)**.

Derrière le *chapeau* et les montants, l'on place des rou-
dins, ou bien si la dépense serait trop forte, des planches
épaisses et jointives, en ayant soin de rapprocher un peu
plus les cadres.

Les cadres en général sont espacés de 3^m. 50 à 1^m. Les
montants sont enfoncés dans le sol, seulement de quelques
centimètres, si le sol est bon. Mais s'il est mouvant, conme cela arrive souvent en Sicile, pour les galeries creusées dans les argiles noires que les ouvriers appelent tuffo,
il faudra employer un *cadre complet* **fig. (4) Pl (3)**. Pour
donner aux montants la solidité nécessaire, l'on place trans-
versalement une pièce de bois **A B** appelée semelles. Cette
pièce a pour section un demi cercle qui se réunit aux montants latéraux, conme ceux ci le sont au chapeau. Si le
sol est tout à fait mauvais, l'on chasse même entre la *se-
melle* et le terrain des planches épaisses, pour la facilité
du roulage, C'est sous le *plancher* ainsi formé que doit être
construit le canal (barbacane), quand la galerie doit servir
à l'épuisement des eaux.

Les bois employés dans les mines ne doivent pas être
équarris pour ne rien perdre de leur solidité. Il vaut mieux
cependant qu'ils soient *écorcés*, car alors ils sont moins su-

114

jets à la pourriture. L'entretien du boisage est une question importante. Pour prévenir une décomposition trop rapide, l'on arrose le boisage, en quelques points de la France, avec du vitriol vert (sulfate de fer).

Quelquefois et notemment en Allemagne l'on donne au boisage la forme triangulaire. Cette forme est défectueuse, en ce qu'elle rend la galerie d'un difficile accès. (Il serait par exemple difficile d'y établir un chemin de fer); et en ce qu'elle diminue l'aérage. Mais diminue de beaucoup les frais et présentent une assez grande solidité.

Il ne faut jamais employer les bois durs dans le boisage des galeries, car ils rompent sans prévenir, et occasionnent de fréquents accidents. Quelques espèces de chènes sont excellents pour *supports*. En France le bois employé de préférence est le sapin.

2° Puits. —Le mode de réunion des différentes pièces est ici différent.

Pour placer un cadre, l'on fait aux quatre angles du puits 4 entaques destinés à recevoir les deux longs côtés du cadre. Au dessus viennent se placer les 2 autres côtés, et l'entaque a la forme représentée **fig. (7 et 8.) Pl (2).** Derrière les 4 côtés, viennent des planches jointives ou d'autres pièces de bois solidement clouées. De distance, en distance, l'on fait reposer les cadres sur des traverses **A, A'**, pénètrant d'au moins 30 à 40 centim. dans le terrain, L'on place un de ces *cadres porteurs* toutes les fois que l'on rencontre un rocher un peu dur.

Très souvent les puits sont divisés en 2 compartiments, pour la commodité de l'extraction. Alors on entaille les pièces **b, b'...**, et on place les pièces latérales **c, c'...** contre lesquelles on cloue des planches.

Si le puits a une assez grande largeur, si l'une des di-mensions du rectangle est par exemple plus de 2 fois l'au-tre, alors il sera bon de réunir encore intérieurement les ca-dres par d'autres **m, m'**.....

La rencontre d'un puits et d'une galerie de roulage, né-cessite toujours un travail de boisage un peu plus compli-qué, pour raccorder la direction verticale du puits et la direction horizontale de la galerie. Comme l'on a besoin alors d'une hauteur un peu plus considérable pour la re-cette, l'on adopte la forme indiquée **fig. (9) et 11 Pl (3)**. La pièce **q, q' fig. (10) Pl, (3)** est une piè-ce de bois ayant la forme d'une demi circonférence et munie de 2 parties saillantes **s, s'**, qui pénètrent dans le rocher. Elle est aussi soutenue par deux montants verti-caux **t t'**.

116

Tableau comparatif des prix de revient de la méthode actuelle d'exploitation et d'une méthode régulière.

	Prix de revient suivant la méthode actuelle — par cant. Sicil.		Prix de revient suivant une méthode régulière par cant. Sicil.	
1° Abattage . . . Fr.	1	54	0	60
2° Boisage	»		0	20
3° Roulage intérieur . .	0	84	0	13
4° Cables et cordes . .	»		0	04
5° Mécaniciens et machines	»		0	05
6° Chevaux, entretiens.	»		0	02
7° Consommation des machines	»		0	27
8° Surveillance				
9° Frais généraux.	0	64	0	64
10° Frais de recherche				
11° Epuisement . . .	0	50	0	»
12° Transport extérieur .	1	91	0	55
13° Fusion	0	71	0	71
Fr.	6	11	3	18

Nous supposons une mine dont la production soit au moins de 50,000 *cantare*, car audessous de cette production, il ne conviendrait guère d'établir une machine à vapeur; comme l'on peut s'en appercevoir de suite par le tableau précédent. Nous avons du reste insisté plus haut sur l'utilité que l'on pourrait retirer de l'établissement d'un *baritel*, dans le cas d'une production de 20,000 a 30,000 cantare. Si cependant la quantité d'eau était telle que la machine put être employée à l'épuisement au moins 14 h. sur 24, alors dans tous les cas, l'emploi de la vapeur serait préférable.

Nous supposons aussi que la même machine serve à la fois à l'extraction du minérai, et à l'épuisement, comme cela se pratique dans la majorité des mines de France. On emploie une machine horizontale, à un cylindre, à coulisse de stephenson, pour le changement de mouvement, ou à excentiques. L'épuisement se fait au moyen de *cuffats* ayant au moins 2 m. de hauteur, et 1^m; de diamètre. En supposant le temps employé à l'épuisement de 12 h. on peut enlever dans ce laps de temps 150,000 litres d'eau. Il faut toujours creuser au fonds du puits un *puisard* servant de réservoir, où viennent s'accumuler pendant le jour toutes les eaux de la mine.

Nous allons à présent donner quelques explications sur la façon dont nous avons fixé ces différents prix de revient :

1° **Abattage.** En moyenne un *picqueur* français peut abattre en 12 heures, 2 tonnes de houille, ce qui équivaudrait aux ²/₃ d'une *cassa* Sicilienne (Lercara), et même a 1 cassa si l'on tient compte du mode irrégulier de la mise en tas. La différence de dureté de la roche est naturellement assez grande. N'oublions pas cependant qu'il existe des houilles assez dures pour nécessiter l'emploi de la poudre. En supposant que les duretés des gangues sont dans le rapport de ²/₃, nous avons au lieu de fr. 0, 40, prix moyen de l'abattage calculé en *cantare* Sicilien, fr. 0, 60. La différence de ce chiffre avec le prix de revient actuel fr. 1, 54 est énorme; elle tient au peu d'habilité des *picconieri* siciliens, et à la façon dont ils abusent de la poudre, sans sa-

118

voir disposer les trous de mine. Un ouvrier Français ou Anglais, en commençant l'attaque d'un massif, fait d'abord au dessous une entaque assez profonde appelée *havage*, et aux deux extrémités 2 entailles verticales. Ce n'est qu'alors qu'il pratique ses coups de mine, et l'on conçoit l'effet produit par la poudre sur une masse déjà dégagée sur 3 de ses faces.

2° **Boisage.** — Le chiffre que nous avons adopté est peut être un peu fort, car les roches qui contiennent le soufre sont en général d'une assez grande durêté, mais il faut tenir compte de la différence des prix dans les deux pays. En France, un cadre complet de boisage tout posé peut coûter au plus 2, fr. 50 à 3 fr. En Sicile, le prix est triple, et l'on ne pourra jamais se procurer des bois aussi convenables.

3° **Roulage intérieur.** — Nous avons supposé que l'on ait établi dans la mine des galeries de roulage à voies ferrées. Il ne faut alors conserver que juste le nombre de caruzzi nécessaires pour trainer les waggons, ou conduire les chevaux. Nous avons supposé un nombre de 20 *rouleurs*, chiffre qui est peut être un peu au dessus de la vérité.

4° **Consommation des machines; mécaniciens.** — Nous supposons une machine de 6 chevaux, absorbant environ 10 *cantare* de houille par 24 heures.

5° **Epuisement.** — La même machine servant à la fois à l'extraction et à l'extraction des eaux, les frais d'épuisement, dans le cas d'une méthode régulière rentrent dans le prix de revient précédent.

Par ce qui précède, nous voyons que ce qui joue le plus grand rôle dans l'économie à apporter dans l'exploitation des mines de soufre, ce sont les chemins de fer comme moyen de transport extérieur. Aussi nous croyons utile de faire suivre ici un apperçu sur les pertes que l'industrie du soufre a subies depuis 25 ans d'usufruit que les autres peuples ont tiré de l'exercice des machines à vapeur; nous croyons également nécessaire de faire suivre quelques reflexions sur les voies ferrées, et de faire voir comment elles sont considérées dans tous les pays du continent.

La différence du prix de revient de l'exploitation proprement dite est de 1, fr. 56 par cantare; la différence sur les frais du transport extérieur est de 1, fr. 36. Nous avons calculé cette dernière différence suivant les tarifs des sociétés des chemins de fer de France, d'Angleterre et de Belgique, qui est pour les produits pondéreux de fr. 0, 07 par tonne-kilomètre. La distance moyenne du transport est supposée de 40 kilom. — L'économie totale réalisée est de 2, fr. 92.

La production du soufre en Sicile depuis 25 ans est de 45 millions de cantare. La somme dépensée inutilement est donc de fr. 131,400,000. Examinons maintenant quels intérêts on aurait pu retirer de ce capital.

En statistique, pour résoudre un pareil problème, on se sert d'une formule générale. Nous prendrons la moitié du montant, de la perte, multipliée par l'intérêt d'un an, soit 10 %, multipliée par le terme de 25 ans. Nous trouverons ainsi une somme de fr. 164,250,000; laquelle somme additionnée à la perte totale, nous arrivons à un chiffre de 295,650,000, fr.

Mr. Michel Chevalier dit: « Le chemin de fer est dans l'économie intérieure des sociétés, et dans celle du monde,

120

l'agent efficace de la révolution , vers laquelle la pente de l'histoire ; ou, pour mieux parler, l'irrésistible génie qu'a mis en nous la providence , nous mène depuis l'origine des temps. » L'expérience presqu' universelle a constaté pendant 29 ans l'utilité des chemins de fer. En Angleterre, où se construisit en 1836 de Liverpool a Manchester , le premier chemin de fer á grande vitesse, l'on entendit en 1834 dans le meeting de Tamvart les éloquentes paroles de sir Robert Peel, chef du cabinet Anglais.

« Dépêchons nous Messieurs; il est indispensable et même urgent d'établir d'une extrémité à l'autre de ce royaume , les voies de communication à la vapeur si la grande Bretagne veut maintenir dans le monde son rang et sa suprématie. »

Voilà l'écho le programme de tout homme d'état de notre siècle. Dans tout pays civilisé, les chemins de fer sont considerés comme le principal moteur du bien être de l'humanité. Mais la Sicile est aujourd'hui en Europe presqu'un pays type pour montrer le revers de la médaille. Dans cette île, où la nature prodigue ses trésors, les éloquentes pages de Mr. Chevalier ne se sont pas répandues, les fières paroles du ministre anglais n'ont pas retenties, et l'on trouve toute industrie négligée ou languissante , parsuite de la paresse et de la nonchalance du peuble.

Quelque soit l'utilité d'un chemin de fer, il faut se pénètrer du grand principe d'économie qui doit aujourd'hui servir de règle à toute nouvelle construction, son importance étant évidente par elle même la nécessité de ne pas s'en écarter est prouvé par l'expérience. Pour appuyer ce principe, nous donnons ci après un petit tableau comparatif des recettes des chemins de fer Anglais et Americains.

Tarif des voyageurs :

	Chemins Anglais	Chemins Americains
1re classe le kilomètre.	1225	650
2me classe » »	936	312
3me classe » »	612	225
Longueur en exploitation sur chaque million d'habitants. Kilom.	547	1557

Quoique le capital employé aux états Unis a la construction des chemins de fer soit bien moindre que celui dépensé en Angleterre, il y a 1557 kilom. en exploitation par million d'habitants, tandis qu'il n'y a pour le même chiffre de population que 547 kilom. dans les royaumes Unis.

En outre, l'économie apportée à la construction des chemins de fer de l'Amérique a permis de rénumérer assez convenablement 6 et demi % les capitaux employés, et cela en se bornant à des tarifs de transport qui n'atteignent pas la moitié de ceux adoptés par les Cnies Anglaises. Ainsi, réseau plus complet, spéculation plus lucrative, tarif modéré plus favorable aux intérêts généraux, voilà ce que peut amener une circonspection dans les dépenses primitives d'établissement (Mon. des int. matériels).

Nous savons bien que cette règle ne peut pas être généralement admise, mais nous traitons ici une industrie particulière. Les chemins de fer qu'il faut dans un bassin minier, sont les chemins industriels, c'est-à-dire chemins établis à peu de frais. Nous croyons donc que lorsque le gouvernement établissait dans le contrat *Adami*, le maximum des pentes et rampes et les limites des courbes, qui pouront être tracées, il ne pensait pas que les embranchements de Licata et de Girgenti pourraient être dans les conditions des chemins de fer industriels.

Les grandes lignes de chemins de fer ont le privilège d'attirer l'attention pubblique, peut être néglige-t-on trop les constructions plus modestes et non moins utilités des chemins de fer dont nous parlons. Nous croyons qu'il est bon de réunir quelques faits sur ces voies appelées à rendre de très importants services. Nous prendrons pour premier exemple le chemin de fer industriel construit par la société des charbonnages de *Monceau. — Fontaine* et *du Martinet*, reliant à la *Sambre* et au chemin de fer de l'état à *Marchiennes* les puits d'extraction de *Monceau-Fontaine* et de *Forchies-la-Marche*, (Belgique).

La longueur de ce chemin est de 10 kilom. avec de longues rampes et pentes de 20 ; 30 millim. par mètre. Afin d'éviter les déblais et remblais, on fait de nombreuses sinuosités par des courbes d'un très petit rayon, ce qui explique comment il a pu être construit en 5 mois, et que la dépense totale de son établissement ne s'est élevé qu'à 500,000 fr. matériel compris, soit 50,000 fr. par kilom.

Deux locomotives de 12 pouces avec train articulé desservent cette voie industrielle depuis plus d'un an, sans que jusqu'ici on ait eu le plus léger accident à déplorer.

L'établissement d'un chemin de fer dans de semblables conditions, est un véritable problème industriel résolu, puisque malgré les accidents du terrain qu'il a fallu vaincre, les dépenses sont restées de 80 % en dessous des prix moyens, ce qui rend accessible à l'industrie l'emploi de ces voies de communication.

La réduction des dépenses pour la construction des chemins de fer est due pour la majeure partie, aux locomotives avec système articulé inventées par Mr. *Arnoux*. Voici comment l'*Industrie*, du 24 Septembre 1859 rend compte du rapport présenté en 1853 sur ce système par Mr. *Avril, Job,* et *Mary:*

« Ces ingénieurs étaient chargés par Mr. le ministre des travaux publics d'examiner quelles modifications l'emploi des voitures articulées de Mr. Arnoux permettrait d'apporter dans l'exploitation des chemins de fer déjà construits, et dans les conditions de tracé des chemins de fer à construire. On demandait spécialement si, pour les nouvelles lignes projetées dans l'Ouest et le centre de la France, il y avait lieu de maintenir les conditions indiquées dans l'hypothèse de l'emploi du matériel rigide, ou si au contraire, il était possible de réduire le rayon des courbes.

Le rapport prenant pour point de départ celui de Mr. Lechatelier, constate, d'après ce dernier, comme un point désormais acquis, la possibilité de faire circuler sans aucune difficulté les voitures articulées sur les chemins de fer actuels, et de les faire servir dans les trains rapides, comme dans les trains ordinaires.

Quant à l'objection fondée sur ce que l'on ne pourrait pas dans ce système augmenter se l'on a le besoin la puissance des locomotives en multipliant les points d'adhérence par les roues motrices, les savants ingénieurs furent d'avis, après un examen approfondi des procédés usités à cet effet, en divers pays, que le problème pouvait être résolu, comme le proposait Mr. Arnoux, en donnant 8 roues à la locomotive. Les deux roues de devant et les deux de derrière, étant sur des essieux mobiles et convergents suffisent pour rendre la locomotive propre à suivre les courbes à petit rayon, tandis que 4 roues motrices conjuguées au centre fournissent des points d'appui suffisants pour un grand développement de puissance.

La commission pensait toutefois que de nouvelles expériences étaient nécessaires et que la concession du chemin de fer d'Orsay fournirait les moyens de les faire. C'est ce qui est arrivé. Le service de cette petite ligne a donné lieu à des transports de matériaux; une pratique suivie a conduit à des nouveaux perfectionnements du système.

Quant aux avantages qui peuvent en résulter, le même rapport constate qu'avec les voitures articulées on peut arriver à des courbes de 25 et 30 mètres sans que les rebords des roues frottent contre les rails rudement avec secousse, et qu'en se bornant à des courbes de cent mètres on obtiendrait encore, dans la construction des chemins de fer, une économie considérable. En se référant aux calculs de Lechatelier, la commission évaluait comme lui cette économie a 70,000 fr. par kilom. dans les terrains difficiles et à 100,000 fr. dans ceux qui présentent des difficultés exceptionnelles. Nous croyons que les résultats peuvent être beaucoup plus importants, et nous dirons les motifs de notre opinion dans un prochain article, en donnant la description du système de Mr. Arnoux an point de perfection où il l'a porté, et en expliquant par quels ingénieux mécanismes il obvie à tous les inconvénients qu'on lui objectait précédemment.

En ce moment même où le gouvernement vient de décréter l'exécution des chemins de fer Siciliens, bien des personnes, honorables cependant et par leur caractère et par leur position, en discutent encore l'opportunité. Sans réfléchir à l'impulsion qu'ils ne peuvent manquer de donner soit aux mines de soufre, soit aux mines de sel la plus-

part encore inexploitées a cause de la cherté du transport;
soit enfin au commerce en général, ils ne tiennent compte
que des revenus calculés sur la situation actuelle de l'industrie, et en tirent victorieusement la conclusion que l'intérêt que l'on pourra retirer est trop faible pour tenter une
pareille entreprise.

C'est pour combattre une semblable opinion qui n'est
malheureusement que trop répandue en Sicile, que nous
avons cru devoir ajouter à notre rapport un apperçu sur
la construction des chemins de fer de Caltanissetta à Licata, et de Caltanissetta à Girgenti les lignes qui présen-
ent le plus de chances d'avenir, et dont on vient cependant
de renvoyer indéfiniment l'exécution, dans le projet de loi
présenté dernièrement au parlement.

Projet de chemin de fer de Callanisetta à Licata, et de Callanisetta à Girgenti.

—

Les chemins de fer que nous proposons prendraient leur origine à *Callanissetta*, et ne formeraient jusqu' au hameau de *Grotta Rossa*, sur une longueur de 24 kil. qu'une seule ligne.

A *Grotta Rossa* il y a des mines qui produisent 40,000 cantares de soufre. De cet hameau il partirait une ramification a gauche sur *Licata*, une a droite sur *Girgenti*.

La première passerait à *Delia*, pays de 4 à 5000 hab. riche en produits agricoles, et où l'on trouve de beaux gisements de soufre, aucune route n'y existe encore, et tout exportatiou de ce pays est impossible où très coûteuse. — De là le tracé viendrait descendre a 1 mille du village de Sommatino, où il y a les fameuses mines de la maison Trabia, qui avec les mines des autres propriètaires font une production de 130,000 cantares de soufre. Nous venons ensuite entre les villages de *Campobello*, (pays qui fait une grande exportation de produits divers) et de *Ravanusa* où il y a des mines de soufre; ces deux pays ont une population de 15,000 hab.

Par le Village de *Bifara* où Mr. Chiaramonte vient d'ouvrir une nouvelle mine qui promet de prendre un accroissement rapide, nous joignons le *fleuve Salso*, jusqu'à *Licata*.

Le second tronçon sur *Girgenti*, viendrait toucher *Can-*

nicatti, ville de 20,000 hab. qui fait un commerce considérable de produits agricoles, avec *Girgenti* et *Licata*. De là le tracé se jette sur *Ragalmuto* 12,000 hab. pays très important pour les productions agricoles, il y a un nombreux groupe de mines de soufre, des gites considérables de sel gemme qui devront multiplier 10 fois leurs productions, aussitôt qu' il y aura des moyens économiques de transports.

Il y a aujourd'hui une production de 40,000 cantares de soufre, et 20,000 cantares de sel. — L' on traverse ensuite la petite ville de *Grotte*, 10,000 hab. bien connue pour ses nombreuses tanneries, et fournit le cuir a presque toute la cote méridionale de la Sicile.

Production de 60,000 cantares de soufre.

Le tracé de jetterait ensuite tout près des villages de *Comitini* et de *Aragona* (15,000 hab.) Qui ensemble ont une production de 340,000 cantares de soufre, à la même station viendraient descendre les soufres de *Casteltermini* soit 200,000 cantares; la *station de Comitini* où se ferait un chargement de 540,000 cantare de soufre, deviendrait donc importante.

De là le tracé sillonnerait vers *Girgenti*, et ensuite au *Molo de Girgenti*. La longueur totale des chemins à construire serait de 24 kil. pour la ligne commune, de *Caltanissetta à Grotta Rossa*; de 34 kil. pour la ramification de *Licata*, et 35 kil. pour le tronçon sur *Girgenti*. Soit une longueur totale de 93 kil. — La population des villes et des villages que le chemin de fer traverse directement est de 141,000 hab., l' on peut y ajouter une population de 60,000 hab. pour les communes qui par des routes carrossables viendraient aboutir au chemin de fer. Par le chemin de fer projeté on relierait donc 200,000 hab. Soit 48 kil. de chemin de fer par 100,000 hab.

128

Remarquons ici qu' en Angleterre où un si grand nombre de Railways sont construits, cette proportion est de 55 kil. par 100,000 hab.; et que cette longueur à coutée en moyenne 27 millions de francs.

Nous n'entendons nullement suivre l'exemple des constructeurs Anglais, qui dépensaient des sommes fabuleuses de 2 a 3 millions de francs pour des embarcadères, nous entendons nous tenir purement dans les règles d'une construction économique et industrielle, établir des pentes et rampes de 20 et 25 mill. par mètre, et contouner les montagnes, au moyen de courbes d'un petit rayon, et agir aussi économiquement que possible dans toutes les bâtises, et travaux d'art, ne demander enfin que le solide , et non le luxe, et la fantaisie.

Nous calculons qu'une somme de fr. 130,000 serait suffisante pour parer, au coût Kilomètrique des lignes que nous proposons, il faudrait donc une somme de fr. 12,000,000, pour i' achevement des 93 kil. projétés. (Soit 7,500,000 fr. per 100,000 hab.)

Nous examinerons maintenant quel pourrait être le revenu de ces lignes , en agissant dans nos calculs , avec une extrème réserve pour l' évaluation de tous les produits et des voyageurs dont le transport n' est pas officiellement connu. — Nous établirons aussi une balance entre les frais de transport par les voies de communications existantes, et ceux après la construction du chemin de fer.

Les distances de *Callanissetta à Licata*, ou à *Girgenti* , étant égales, nous ne tiendrons pas compte si les produits en soufre des stations de *Callanissetta, de S. Cataldo, de Serra di falco,* et de *Grotta Rossa* sonts expédiés à Licata ou à Girgenti.

TRANSPORT PAR CHEMIN DE FER	Coût		Transport per voie ordinaire	Coût	
1° Station de Caltanissetta.					
La production en soufre des contrées de *Villarosa*, de *Grotta Calda*, de *Caltanissetta*, est de 15,000 tonnes, lesquelles transporteés sur une longueur de 59 kil. à fr. 0. 12 par tonne kil.	304,440	»	Les mèmes transports payés à raison de 53 fr. pour tout le trajet. fr.	1,419,000	»
Il ne serait pas sortir des prévisions très modérées, en supposant qu'annuellement il soit expédié de Caltanisetta, à S. Cataldo, Serradifalco, Cannicatti, Licata, et Girgenti, 20,000 tonnes de produits divers, et transportées sur une distance moyenne de 45 kil. à raison de fr. 0. 15 par tonne kil.	135,000	»	Le même transport, pour tout le trajet à raison de fr. 20 par tonne.	400,000	»
2° Station de S. Cataldo.					
La production de soufre des mines de S. Cataldo, est de 4500 tonnes, transportées sur une distance de 50 kil. a raison de fr. 0. 12 par tonne kil.	27,000	»	Le même transport à raison de fr. 27, 30 pour tout le trajet....	22,850	»
Nous supposons un commerce en produits divers de 1000 tonnes transportées sur une longueur de 55 kil. à raison de fr. 0. 15 par tonne kil.	5,250	»	Le même transport à raison de 15 fr. pour tout le trajet.	15,000	»
3° Station de Serradifalco.					
La production du soufre de cette ville est de 7500 tonnes, elles sont transportées sur 40 kil. à raison de fr. 0. 12 kil.	36,000	»	Le même transport à fr. 24 60 pour tout le trajet.	184,500	»
Nous supposons une exportation de 500 tonnes de produits divers sur 30 kil. à raison de fr. 0. 15 par tonne kil.	2,250	»	Le même transport aujourd'hui.	6,000	»
4° Halte de Grotta Rossa.					
La production des mines de ce homeau est de 4500 tonnes, transportées sur 55 kil. à raison de fr. 0. 12 par tonne kil.	18,900	»	Aujourd'hui à raison fr. 24, 60 par tonne pour tout le trajet.	110,700	»
5° Station de Sommatino.					
La production des mines de Sommatino, Riesi, Galetano, et de Delia, est de 15,000 tonnes, sur 30 kil. à fr. 0. 12 par kil.	54,000	»	Ce transport coûte aujourd'hui fr. 24. 84 par tonne pour tout le trajet.	527,600	»
A reporter fr.	582,800	»		2,585,650	»

TRANSPORT PAR CHEMEMIN DE FER	Coût	Transport per voie ordinaire	Coût	
Report fr.	582,800		2,585,650	»
6° Station de Ravanusa eia et Campobello.				
Nous avons calculé pour ces deux villes uns une exportation de 2000 tonnes produits divers, sur 25 kil. à fr. 0. 15.	7,500	» Le transport des mêmés produits coûte fr. 12.00 la tonne...	24,000	»
7° Station de Lie Licata.				
Des produits divers arrivés par voie de mer mer à Licata, il en est annuellement expédié pour l'intérieur 4500 tonnes, sur une lane longueur de 40 kil. à fr. 0. 15 par tonne kil.	25,800	» Nous estimons le transport des mêmes marchandises à...	95,000	»
8° Station de Caniemicalli.				
Nous ne sortirons pas des bornes de la mou modération en estimant à 20,000 tonnes, l'exportation des divers produits agri agricoles pour Licata et Girgenti, sur une longueur de 32 kil. à fr. 0. 15.	96,000	» Le transport des mêmes produits à fr. 20 par tonne.	400,000	»
9° Station de Ragdagalmulo.				
La production du soufre et du sel est de 1 de 4500 tonnes sur 20 kil. à raison fr. 0. 12. par tonne kil.	10,800	» Aujourd'hui ce transport se paye fr. 16. 38 par tonne.	75,710	»
10° Station de Gr Grolle.				
La production du soufre est de 4500 tonnesonnes sur une longueur de 16 kil. à raison de fr. 0. 12. par tonne kil.	8,640	» Le même trasport à fr. 16.	72,000	»
Le commerce du cuir et autre, peut être este estimé à 1000 tonnes sur 30 kil. de distance à fr. 0. 15. par tonne kil.	4,500	» Aujourd'hui...	40,000	»
11° Station de Co Comitini.				
La production des mines des environs est est de 40,500 tonnes sur 14 kil. à raison de fr. 0. 12.	68,000	» Pour la même quantité de soufre un paye à raison de fr. 15. 50 par tonne.	627,750	»
A reporter fr.	804,040	»	3,918,110	»

TRANSPORT PAR CHEMIN DE FER	Coût		Transport per voie ordinaire	Coût	
Report frrt fr.	804,040		fr.	3,918,140	
12° Station de Girgenti.					
Des marchandises diverses arrivées par voie de mer 15000 tonnes sois sont expédiées dans l'intérieur sur 40 kil. à raison de fr. 0. 45 par tonne kil. kil. .	90,000	»	Le transport des mêmes marchandises....	285,000	»
La population que relierait le chemin de fer projeté est de 200,000 hal0 hab. de cette population nous supposons qu'il y a actuellement en voiture, et acet autres moyens de transports 12 personnes de Caltanisetta à Girgenti, et les poin points intermédiaires, et 12 en vice-versa de Girgenti à Caltanisetta, nous supposorposons un nombre égal sur la ligne de Licata, nous trouvons donc journellement 4cnt 48 voyageurs, entre les trois points extrêmes de Caltanisetta Licata, et Girgentrgenti. —Nous voyons que la circulation des voyageurs a doublée 6 fois, aussitôt qu'a qu'un chemin de fer a été ouvert, nous n'admettrons pas cette base, nous suppousupposons que par la construction des lignes projetées, la circulation triplerait, rait, on aurait ainsi un mouvement de 52,000 voyageurs par an, transportés rtés en moyenne sur une longueur de 30 kil. et payant en moyenne 6 cent. par kbar kil.	93,600	»			
Total fr.al fr.	987,640	»	fr.	4,203,140	»

Le coût du trafic actuel poel par voie ordinaire.   fr. 4,203,140
   »   »   pi   par chemin de fer.   fr.   987,640

Différencé ou économie en e en faveur de l'industrie.   fr. 3,214,470

Les revenus bruts seraient de fr. 937,640; la circulation qu'il y aura sur une ligne étant connue, on en détermine assez facilement les frais d'entretien, de surveillance, et de locomotion, puisque c'est du mouvement des véhécules que dépendent ces frais. Nous calculons ici, ces frais à 40 p. % sur les recettes brutes, il resteroit donc une somme de fr. 600,000 à rénumérer sur le Capital engagé de fr. 12,000,000 soit fr. 5-p %.

Il est utile d'observer que bien que nous arrivons a pouvoir rénumérer le capital engagé d'un intérêt de 5 p. %, nous n'avons tenu compte, n'y de l'accroissement considérable que peut prendre l'industrie et le commerce des contrées que les lignes traversent, nous n'avons non plus tenu compte des communes qui viendront aboutiir a la ligne par d'autres voies de communications.

Nos calculs d'ailleurs sont faits avec une stricte réserve, nous sommes persuadés que la circulation sur les lignes projetées dépassera nos prévisions, et il est plus que probable que le coût kilomètrique de fr. 130,000 ne sera pas atteint.

Il faut que la construction des ports de Girgenti, et de Licata, se fasse en même temps que la construction des chemins de fer, et il est utile selon nous que les études se fassent d'un commun accord. Il est d'un intérêt vital ce nous semble que ces deux ports soient construits de açon a ce que les navires puissent venir ammarrer le long des embarcadères des voies ferrées, que le chargement du soufre dans les bâtiments, se fasse au moyen de bascules qui permettent de décharger a la fois tout un magon de 5 tonnes.

La société qui prendrait sur elle la construction des chemins de fer, pourrait prendre aussi sur elle la construction des ports.

134

Nous ne nous arrêterons pas à attirer l'attention du gouvernement sur le railway projeté entre Caltanissetta et Licata; car il faut que pour que ce chemin de fer, et tous ceux que le gouvernement a décidés produisent au dessus de nos prévisions ,. que l'Etat amméliore les routes déjà existentes et fasse construire des chemins vicinaux qui manquent presque complètement en Sicile , cela est indispensable pour permettre le transport des produits des communes isolées aux voies ferrées.

En France où les actions des chemins des fer ont doublées et même quatruplées de valeur, les chemins vicinaux sont poussés avec une telle vigueur, que suivant le dernier rapport présenté à l'empereur par Mr. le ministre Billaut, il n'y aurait plus d'ici à deux ans aucune commune qui n'aurait sa voie de communication. En Sicile au contraire, on voyage encore comme au moyen âge, en litières , et l'on passe les fleuves en voitures ou sur le dos des hommes à ce destinés.

Nous ne considérons pas seulement quelles seraient les améliorations a réaliser dans l'intérêt de l'industrie soufrière seule , mais nous tâcherons de faire ressortir aux yeux des personnes sérieuses, tous les travaux à construire dans l'intérêt de l'industrie et du commerce en général. D'ailleurs en étudiant un peu spécialement les voies de communications , nous ne nous éloignons guère de notre but, puisqu'elles influent d'une manière si directe sur la prospérité des mines. Nous ne pouvons malheureusement étendre cette étude à toutes les routes de la Sicile, mais nos observations peuvent être prises d'une manière générale, et ne voulant pas tirer en longueur c'est apperçu qui n'entre pas précisément dans le cadre de notre rapport.

Voici du reste quelques détails que nous empruntous à

un mémoire recemment publié à Palerme, sur les ponts encore à exécuter dans les diverses routes, et sur les *strade* dont la construction est demandée par les conseils provinciaux. Nous puisons ces renseignements à bonne sourçe , puisque le mémoire est signé de Mr. Charles Giachery professeur à l'université et inspecteur des ponts et chaussées.

1° Route de Palerme à Messine (Marine.)
  1° *Pont* sur le torrent *San Leonardo*. Aucun projet n'a encore été fait.

  2°   »   »   »   *Imera septentrional*.

  3°   »   » le fleuve *Roccella*. Ce pont est commencé.

  4°   »   »   »   *Piletto*.

  5°   »   »   »   *Pollina*.

  6°   »   » torrent *San-Stefano*.

  7°   »   »   »   *Caronia*. Le projet de ce pont est terminé.

  8°   »   » fleuve *Rosmarino*.

  9°   »   » torrent *Naro*. Les projets de ces ponts ont été commencés.

2° Route de Palerme à Messine (montagne).
  1° *Pont* sur le fleuve   *Imera meridional*. La construction est commencée.

  2°   »   »   »   *Morello*. Ce pont est presqu' achevé.

  3°   »   »   »   *Cimarosa*. La construction est commencée.

3° Route de Palerme à Girgenti.
  1° *Pont* sur le fleuve   *San Pietro*. Le pont est commencé.

136

| 2° | » | » | » | *Saracino.* On a achevé les fondations d'une pile et de la culée droite. |

3° » » » *Platani.*

4° Route de Noto à Siracusa.
1° *Pont* sur le fleuve   *Asinaro.*
2°   »   »   »   *Tallaro.*
3°   »   »   »   *Erminio.* Le projet est ré-
digé et approuvé.

5° Route de Caltanisetta à Barrafranca.
1° *Pont* sur le fleuve   *Capodarso.* Le pont a déjà
été adjugé.
2°   »   »   »   *Morello.*
3°   »   »   »   *Tardicoda.* Ces deux derniers sont a peine com-
mencés.

6° Route de Partanna à Santa Margarita.
1°. Pont sur le fleuve *Belicé.* Il n' est pas commencé.

Routes dont la construction a été demandée par les Conseils provinciaux.

PROVINCE	Numero progressif.	DÉNOMINATION DE LA ROUTE	Extension
PALERME	1	De *Partenico* à *Terracini* . . . . kilom.	10
	2	De *Partenico* a *San Giuseppe*	12
	3	*Strada* pour *Balestrati*	5
	4	De *Corleone* à *Mezzojuso*	15
	5	De *Sella di Blasi* après *Villafrati*, à *Ciminna* . . .	6
	6	De *Ciminna* à *Caccamo*	10
	8	Rectification de la route de *Bisacquino* . . .	5
	7	De *Cerda* à *Montemaggiore*	7
	9	De *Pietralonga* vers *Sambuca*	14
	10	De *Sciara* à la route de *Messina* (marina) . .	5
	11	De *Valle d' Olmo* vers *Cerda*	16
	12	De *Collesano* à la route de *Messine* (marine) . .	12
	13	De *Morreale* au *Parco*	4
MESSINE	1	De *Barcellona* par *Castroreale* à *Francavilla* . .	22
	2	De *Furnari* à *Novara*	20
	3	De *S. Agata* à *San Fratello*	3
	4	Route pour le *faro* supérieur au détroit . . .	20
		A reporter	182

PROVINCE	Numero progressif.	DÉNOMINATION DE LA ROUTE	Extension
		Report	182
CATANE	1	Route de *Bellia* près de *Piazza* par *Aidone*, passo *Piraino*, plaine de *Catane* au *Simeto* et au *passo de la barque des Moines*.	40
	2	De *Nicolasi* par *Belpasso* à *Licodia*	14
	3	De *Caltagirone* à *Niscemi*	9
GIRGENTI	1	Route de Girgenti par *Raffadali*, *Alessandria*, à *Bivona* .	40
	2	De *Canicattì* par *Naro* à la marine de *Palma* . .	18
CALTANISET-TE	1	De *Caltanisetta* a *Delia*	20
	2	De *Barrafranca* à la rencontre de celle de *Terranova* .	25
	3	De *Licata* à *Terranova*	20
	4	De *Recattivi* à *Resultana*	5
NOTO	1	Route de *Buccheri* à *Lentini*	15
	2	De *Chiaramonte* à *Monterosso*. Embranchement à *Buscemi* .	6
	3	De *Monterosso* à *Vizzini*	8
		A reporter	402

PROVINCE	Numero progressif	DÉNOMINATION DE LA ROUTE	Extension
		Report	402
NOTO	4	De *Giarratana* à *Palazzolo*	10
	5	De *Passo Ladro* par les Bains à *Siracusa*	14
	6	De *Spaccaforno* à *Pozzallo*	8
	7	De *Pacchino* à *Capo Passaro*	8
TRAPANI	1	De Fraginese à San Marco	12
	2	De Trapani à Bonagia	10
		Somme kil.	464

CONCLUSION

Tel est l'état actuel de l'industrie soufrière, source de tant de richesses pour la Sicile. Elle est arrivée à ce dégré d'importance dépourvue de tous les moyens de développement.

L'association, l'élément de la société moderne, l'association ce puissant moteur pour le développement de l'industrie, voilà ce qui manque à la Sicile. L'association des faibles fait trembler les grands désunis; les ouvriers associés se trouvent independants des capitalistes. Pour faire comprendre cette grande vérité aux peuples, nos célèbres auteurs ont écrit des centaines de volumes. Tous les peuples civilisés ont accueilli leurs doctrines. Dans l'espace de quarante ans, la Belgique qui doit tout son progrès à l'association, a vu se former trois-cent sociétés anonymes qui représentent un capital de un milliard de francs. En Sicile, au contraire, pas une de ces sociétés n'a pu se former. L'esprit de défiance à fait place à l'esprit d'association.

Aujourd'hui la baisse du soufre fait craindre aux exploitants une panique commerciale. Ils voient arriver le moment où ils devront abandonner leurs mines, et loin de profiter de cette leçon, pour renoncer à tous leurs vieux systèmes, et chercher des moyens sérieux pour diminuer leurs prix de revient, l'on dirait vraiment à voir leur indifférence, qu'ils ne cherchent qu'à hâter la ruine de l'industrie soufrière.

Tous les grands procédés mécaniques des arts industriels, empruntent aujourd'hui l'emploie de la vapeur. La filature, le tissage, les travaux des mines, les épuisements, la fabrication des métaux, l'art du constructeur, et jusqu'à l'agriculture elle même, l'ont fait successivement servir à leurs besoins. En Sicile seulement, l'on ne parait point encore se douter de l'influence de la vapeur et de ses nombreuses applications; l'on semble ignorer à quoi était destiné la découverte de Papin et de Watt, qui de même que l'invention de Guttemberg à étendu la sphère de la pensée et ouvert a toutes les intelligences des espaces nouveaux, des voies inconnues, est destinée à multiplier en quelque sorte la vie de l'homme.

La vapeur, en donnant la possibilité d'accroitre, dans une progression indéfinie la production des objets dont l'ensemble constitue la fortune publique, en augmentant la quantité des produits, et en diminuant les frais de travail, a fourni à l'homme les moyens d'asservir le monde matériel. Sans doute des siècles s'écouleront encore avant que les bienfaits de sa découverte se soient partout généralisés, avant que les peuples aient réussi à réformer complètement a l'aide de ce puissant instrument de travail le sombre et déplorable gouffre de misère qui est aux fonds de nos sociétés. Mais les premiers pas sont faits, l'impulsion est donnée.

La vapeur intervient dans les modifications du sol de notre planète, elle creuse les ports, les rivières, les canaux, coupe les montagnes et comble les vallées. La vapeur appliquée aux moyens de transport enrichit l'humanité par des avantages non moins importants. Par elle les fleuves et les mers, en transportant avec économie et vitesse les personnes et les choses d'une extrémité du globe à l'autre, établissent l'homme souverain absolu de l'humanité terrestre; par elle des édifices flottants parcourent nos vallées

et abritent le pauvre comme le riche ; par elle aussi de
formidables machines s'élancent rapides comme la pensée
sur ces immenses rubans de fer qui serpentent à travers
nos collines et par dessus nos rivières et nos fleuves.

Renversant les barrières créées par la main des hommes,
et franchissant celles que la nature a posées, elle fera dis-
paraître ces vieilles antipathies nationales ou politiques
qui ont de tous temps divisé les peuples; elle généralisera
ces grands principes de paix encore éloignés de l'état actuel
du monde₂ mais dont le règne arrivera un jour sur la terre,
et l'on verra alors les nations amies par des alliances pa-
cifiques, se confondre dans une amitié fraternelle.

Voilà ce que les peuples du continent ont compris. Aucune manufacture ne s'établit sans que la vapeur n'en soit
le moteur principal; aucune grande spéculation n'est enta-
mée si ce n'est par le moyen de l'association. Dans les
centres de civilisation, dans le monde industriel et éclairé,
les promoteurs d'une entreprise de bien être général sont
entourés et soutenus dans leur entreprise ; chacun s'em-
presse pour prendre part à l'œuvre que l'intelligence vient
d'enfanter.

En Sicile au contraire il sont repoussés, et loin de pouvoir
compter sur un appui quelconque; ils sont entravés à chaque
pas. Aussi le principal obstacle à une entière réforme des
mines est cette division excessive des terrains en exploitation
qui ne provient que de la répulsion que le pays a montré
jusqu'ici pour tout ce qui est association. Cette fatale manie
de former de ce qui ne devrait être qu'une seule mine, 5
ou 6 exploitations différentes, rend bien des travaux inex-
écutables à cause des dépenses trop fortes à supporter
pour un simple particulier. Vouloir introduire subitement
toutes les innovations apportées dans l'art des mines de-

puis bientôt un siècle, serait donc malheuresement chose impossible, et le sera encore longtemps, si le gouvernement ne se décide enfin à sortir de l'inexplicable indifférence qu'on à montré jusqu'ici pour une industrie cependant si importante.

En France, les mines sont la propriété du gouvenement et non point du propriétaire du sol. Cela semble une atteinte au principe sacré du droit de propriété, mais quelques explications suffiront pour justifier de ce reproche le code Napoleon qui le premier a admis ce principe comme base de la législation des mines.

Il faut d'abord se bien persuader de cette grande vérité que les mines sources de prospérité et de bien être général pour un pays, ne peuvent être dans le vrai sens du mot la propiété de quelques uns, en temps qu'ils entendent user de leur propriété pour en abuser; et qu'une génération est responsable aux yeux de l'avenir des trésors qu'elle à ainsi gaspillés sans profit aucun, même pour elle.

Le gouvernement Français ne se réserve jamais le droit d'exploitation, il conserve seulement celui de choisir ceux à qui il cède ce privilège. N'accordant que des concessions étendues, et donnant toujours la préférence à des compagnies riches et influentes, dont il connait les ressources, il est sur que la mine sera toujours conduite avec les soins nécessaires, et selon les règles générales de l'art des mines. Il est sur que s'il survient la nécessité de tel où tel travail d'une exécution coûteuse, mais qui doit apporter dans un avenir même éloigné, des amméliorations importantes, l'on n'écoutera pas seulement les conseils d'une économie étroite et mal entendue; mais arriverait-il que quelque compagnie abuse de ses privilèges, il a ses ingénieurs

144

pour les rappeler à l'ordre, pour leur faire souvenir qu'ils ne sont en quelque sorte que ses fermiers et que le contrat peut être rompu d'un moment à l'autre.

En Sicile, nous l'avons dit l'esprit général du pays est contraire à l'association, mais peut être cela vient-il uniquement de ce que l'on n'en connait point les bienfaits. Qui donc doit favoriser les entreprises ? L'initiative doit venir nécessairement du gouvernement; c'est lui qui doit donner le premier élan. Il serait absurde de supposer qu'il puisse d'un seul coup rompre avec le passé, en introduisant dans les lois, la législation Française des mines. Cela serait même injuste, car ce serait priver sans raison aucune les particuliers d'une propriété dont ils ont joui jusqu'à présent sans contraste; mais n'y a-t-il pas des amméliorations immédiatos à réaliser, en attendant que l'avenir permette par des mesures amenées par gradation d'arriver au résultat définitif?

Les travaux d'utilité publique projetés quelquefois bien que rarement par des particuliers, ont rencontré toujours des obstacles qui bien que futiles n'en ont pas moins été insurmontables. Ne serait-ce pas au gouvernement à protéger, à encourager ces louables tentatives? L'on a admis par nénessité l'expropriation pour la construction des routes et des chemins de fer, ne pourrait-on étendre ce même principe pour l'exécution de tout travail qui comme par exemple les galeries d'écoulement ou les routes servant à relier les mines aux *strade* principales, est reconnu d'une utilité génerale? ne pourrait on même forcer les divers propriétaires qui tirent de ce travail un avantage réel, à participer aux dépenses, en calculant leur quote part sur les profits qu'ils en retirent?

Ne pourrait-on enfin exercer sur l'exploitation une surveillance active; qui diminue au moins, s'il ne peut complètement l'empêcher, le déplorable gaspillage d'a present? Ce ne pourrait être, il est vrai, pour le moment, qu'une surveillance matérielle tendant seulement à prévenir ces accidents incessants si terribles dans leur résultats. Les hommes pratiques manqueraient pour la direction des travaux, mais l'état de choses actuel, héritage d'un gouvernement despotique adversaire du progrès parcequ'il le reconnaissait comme son propre ennemi, doit il encore si prolonger? L'Italie est dans un moment de réorganisation et de réformation complète. Esperons que le gouvernement n'oubliera pas, au milieu de toutes les organisations d'ont il a à s'occuper, l'établisement d'écoles industrielles si nécessaires au progrès d'un pays, et qui seules peuvent expliquer la prospérité inouie à laquelle sont parvenues dans ce siècle, les diverses branches de l'Industrie Française.

Septembre 1861.

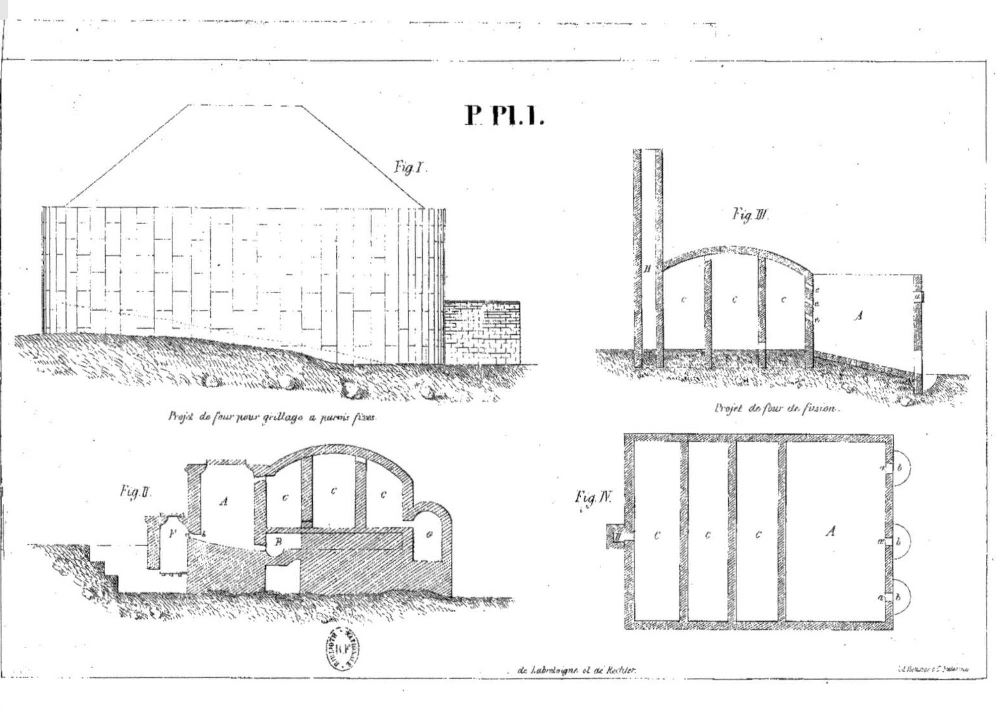

P. Pl. 1.
Fig. I.
Fig. II.
Fig. III.
Fig. IV.
A
B
C
c
c
c
Projet de four pour grillage a parois fixes.
Projet de four de fusion.
de Labrinzeigne et de Rochter.

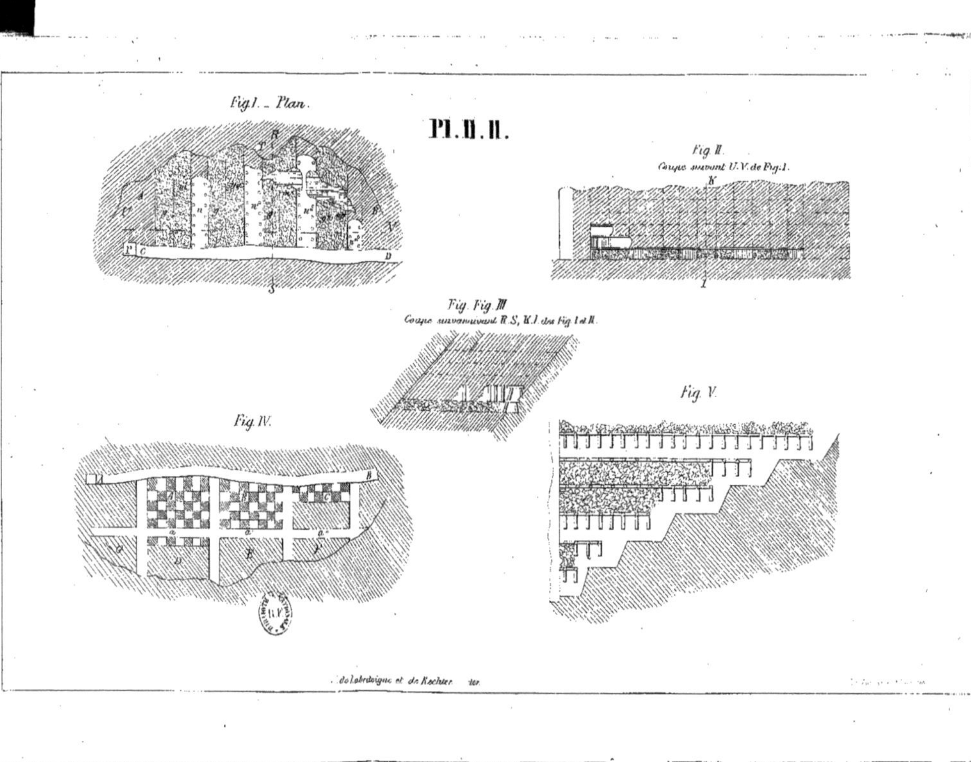

Fig.1. _ Plan.
Pl. II. II.
Fig. II.
Coupe suivant U.V. de Fig.1.
Fig. Fig. III
Coupe suivant R.S., K.l des Fig. I et II.
Fig. IV.
Fig. V.
de Labrdoigue et de Kochier

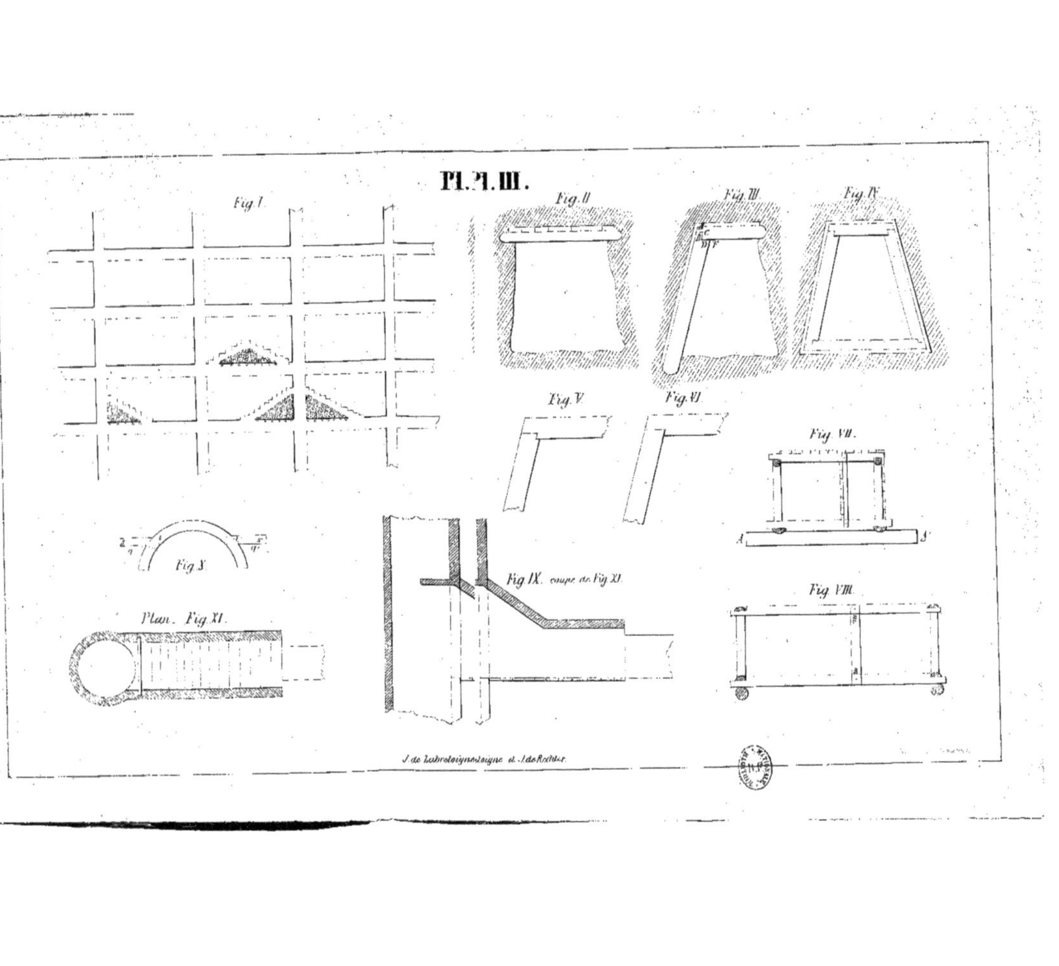

Pl. III.
Fig. I.
Fig. II.
Fig. III.
Fig. IV.
Fig. V.
Fig. VI.
Fig. VII.
Fig. VIII.
Fig. IX. coupe de Fig. XI.
Fig. X.
Plan. Fig. XI.

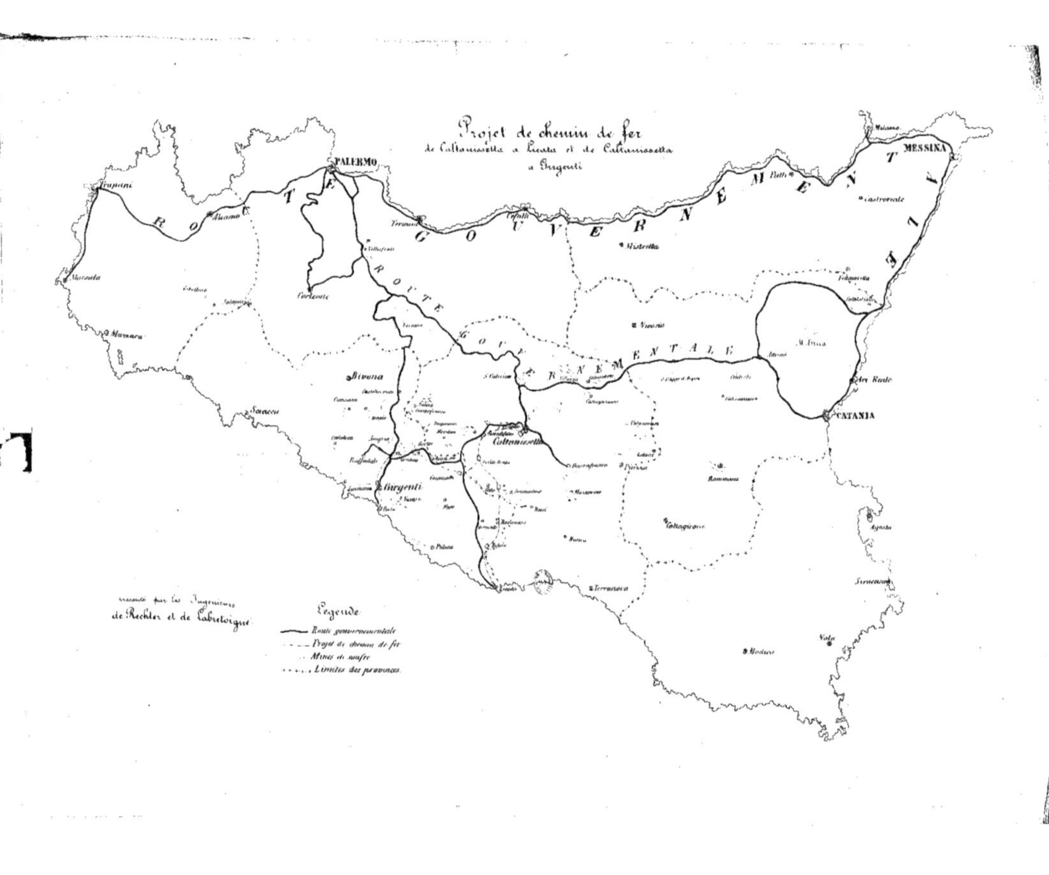

Projet de chemin de fer
de Caltanissetta a Licata et de Caltanissetta
a Girgenti
GOUVERNEMENT
ROUTE
GOUVERNEMENTALE
TRAPANI
PALERMO
MESSINA
CATANIA
Girgenti
Caltanissetta
Bivona
Trapani
Marsala
Mazzara
Saracca
Cefalù
Mistretta
Termini
presenté par les Ingenieurs
de Rechler et de Labretoigne
Legende
Route gouvernementale
Projet de chemin de fer
Mines de soufre
Limites des provinces